Die Lebenserinnerungen des großen Lyrikers, politischen Moralisten und bedeutenden Übersetzers, den die Nazis als jungen Mann aus Wien vertrieben und der in England eine neue Heimat fand.

Es sind Erinnerungen in der Form von Erzählungen. Heitere Geschichten wie die von den kompliziert zusammengesetzten Flüchen der Großmutter, die der Enkel schneller singt als sie fluchen kann. Grimmige Reportagen wie die von der Besetzung Österreichs, dem ›großen Tag von Linz‹. Bewegende Berichte wie der vom ersten literarischen Auftrag – der junge Emigrant soll den Untergang seiner Familie beschreiben und scheitert an der Schuldfrage. Oder zarte Erzählungen wie die von den ersten Auftritten als Wunderkind oder vom Kindermädchen Fini oder von Hilde, die ihre alte Liebe nicht vergessen konnte und so den ›Grund‹ verlor.

»Ein unerschöpfliches Erinnerungsbuch von phantastischer Genauigkeit, das dem Leser einen aus dem besonderen Leben gegriffenen Geschichtsunterricht gibt, in dem auch den Dingen des Herzens nachgespürt wird.«

Otto A. Böhmer, Frankfurter Rundschau

Erich Fried

Mitunter sogar Lachen

Erinnerungen

Verlag Klaus Wagenbach Berlin

von Frau geschenkt zu
Weihnachten 1993

Inhalt

für Catherine

Geschichten von meiner Großmutter

Wenn ich von meiner Großmutter erzähle, fangen fast alle Geschichten, ganz gleich wie sie enden, irgendwie komisch an.

Vielleicht schon, weil diese grauhaarige, später weißhaarige, sehr kleine und zierliche Frau, die mich in meinen ersten Jahren erzog, die ich lieber hatte als Vater und Mutter und die sich halbnackt oder doch nicht anständig angezogen fühlte, wenn sie nicht ihr schwarzes Samtband um den Hals gelegt hatte, so phantasievoll und ausführlich schimpfen konnte, daß sie oft sogar meine keineswegs auf den Mund gefallenen Eltern zum Schweigen brachte. Nur ich hatte mir meine Beobachtung, daß die ärgsten Verwünschungen und Schimpfreden sich immer genau der selben Redensarten und Worte bedienten, zunutze gemacht, indem ich ihr ihre ewig gleichen Flüche, die ich natürlich längst auswendig wußte, viel schneller vorsagte als sie selbst sie schleudern konnte. Ja, einige Zeit später, als ich etwas größer geworden war, sang ich meiner Großmutter ihre eben erst angefangenen Schimpfreden zur Melodie der Serenade von Toselli vor, wobei ich nur wenige Worte weglassen mußte. Dann versuchte meine Großmutter, sich das Lachen zu verbeißen, aber vergeblich. Zuletzt prustete sie doch heraus, worauf sie sofort wegen dieses ihres Loslachens wütend auf sich war und sich und alle Familienmitglieder einzeln verfluchte.

Gewiß, schon bei kurzem Nachdenken kann man sich fragen, warum sie sich nur noch durch ihr Schimpfen Luft machen konnte, und das ist dann nicht mehr so lustig, aber trotzdem, sogar ich finde es einen Augenblick lang heute noch komisch, wenn mir ihre vielsilbig zusammengesetzten Schimpfwörter unversehens wieder einfallen, die sich an Länge sogar mit dem bei uns in Österreich berühmten oder berüchtigten Wort Donaudampfschiffahrtsgesellschaftsdampfer messen konnten.

Die Geschichten von meiner Großmutter sind auch nicht nur komisch, weil sie noch an allerlei altes Zeug glaubte, zum Beispiel, daß man, wenn man ein Katzenhaar schluckt, Epileptiker wird oder, wie sie es nannte, die Hinfallende Krankheit kriegt, oder daß man unweigerlich sterben muß, wenn man einen Kirschkern verschluckt, weil einem dann im Magen oder im Blinddarm ein Kirschbaum zu wachsen beginnt. Nein, sie hatte auch ihre ganz besonderen Eigenheiten, von denen mich eine allerdings mehr zu halbentsetztem Kichern als zum Lachen brachte. Sie konnte sich nämlich ganz unglaublich eindrucksvoll totstellen, was sie immer am Morgen tat, wenn ich am Abend zuvor nicht brav gewesen war und sie mich zuletzt noch mit den Worten bedacht hatte: »Wart nur, das wird dir schon leidtun, wenn ich erst tot bin.«

Das alles war eigentlich in Wirklichkeit so wenig komisch wie das Fluchen, und doch erinnere ich mich heute noch, daß in der Zeit bis etwa zwei Jahre vor dem letzten Krieg alle Geschichten, die mit meiner Großmutter zusammenhingen, komisch anfingen, auch wenn es nicht darum ging, daß sie mit den Ohren wackeln konnte, ohne das Gesicht auch nur im mindesten zu verziehen, oder daß sie mit ihrem blinden Auge nach einer ganz anderen Richtung zu schauen schien als mit dem sehenden. Die erste komische Geschichte war schon der Bericht von der Geburt meiner Großmutter.

Nämlich, als sie geboren wurde, am 27. Mai 1864, da war sie ein Zwilling und ein Siebenmonatskind, und als Siebenmonatskind am Leben zu bleiben, das war damals noch gar keine so einfache Sache, sagte sie.

Ja, und der andere Zwilling, auch ein Mädchen, war tot oder während der Geburt gestorben, und im Haus herrschte große Verwirrung (meine Urgroßmutter bekam ihre Kinder natürlich nicht im Krankenhaus, wo damals noch das Kindbettfieber die jungen Mütter dutzendweise umbrachte, sondern in ihrem eigenen Haus und in ihrem eigenen Bett). Im Haus also herrschte große Verwirrung und Aufregung; die Hebamme, einige weibliche Familienangehörige und Dienstboten und meine Ururgroßmutter eilten hin und her, hatten alle Hände voll zu tun oder machten sich doch allerlei zu schaffen, schon um sich ihre Wichtigkeit zu bestätigen. Nun, eine oder zwei von ihnen ersuchten einen Onkel meiner neugeborenen Großmutter,

Großmutter und Mutter: Malvine und Nelly Stein

doch von einem Stuhl, auf den er sich gerade gesetzt hatte, möglichst schnell wieder aufzustehen, er habe nämlich soeben auf meiner Großmutter Platz genommen, die damals natürlich noch nicht meine Großmutter war, die aber dadurch, daß ihr Onkel sich auf sie gesetzt hatte, um Haaresbreite nie mehr meine Großmutter geworden wäre.

Wie gesagt, alle Geschichten von meiner Großmutter fangen irgendwie komisch an, was jedoch durchaus noch nicht heißt... Aber ich will nicht vorgreifen.

Ihr Onkel stand natürlich sofort wieder auf und entschuldigte sich, und zwar in seiner Verwirrung mit den Worten, er habe geglaubt, das Kind, das auf dem Stuhl lag, sei das tote Kind gewesen und nicht das lebende. Aber das sagte er offenbar nur, um irgendetwas zu sagen, denn schließlich war es ja auch nicht Sitte, sich auf ein herumliegendes totes Kind zu setzen, und außerdem kann eigentlich ein neugeborenes Kind, tot oder lebendig, keine besonders bequeme Sitzgelegenheit gewesen sein. Wie immer dem auch gewesen sein mag, meiner Großmutter scheint der kleine Vorfall weiter nicht geschadet zu haben, obwohl der psychologisch aufgeklärte Mensch unserer Zeit, der weiß, was ein frühes Kindheitstrauma ist, sich natürlich verpflichtet fühlen muß, festzustellen, daß die Komik dieser Episode Spätfolgen keineswegs ausschließt. Zum Beispiel könnte die bis in ihr hohes Alter in beträchtlichem Maß feststellbare Bereitschaft meiner Großmutter, sich trotz ihrer geringen Größe lautstark und durch heftiges Schimpfen gegen allerlei Mißlichkeiten und vor allem gegen größere oder mächtigere Menschen zur Wehr zu setzen, durchaus mit diesem ersten, wenn auch unfreiwilligen Unterdrückungsversuch eines viel größeren Menschen zusammenhängen oder doch einigermaßen einleuchtend in Zusammenhang gebracht werden. Überhaupt sagt die Tatsache, daß die Geschichten von meiner Großmutter immer so komisch anfangen, weiter gar nicht viel.

Gewiß, ihr Bericht, wie einmal, lange vor dem Ersten Weltkrieg, als sie einen kleinen Schokoladenladen führte, ein richtiger, leibhaftiger Erzherzog vor dem Schaufenster stehenblieb, die Pralinen und Bonbonnieren eingehend betrachtete und ihr sogar durch das Fenster zulächelte, entbehrt nicht einer gewissen Komik, besonders, weil sie dann – immer mit den gleichen Worten, genau wie beim Schimpfen – jedes Mal hinzufügte, wenn er wirklich eingetreten wäre und etwas gekauft hätte, dann hätte das Leben der Familie eine ganz neue Wendung genommen, denn dann wären sie Kaiserlich-Königliche Hoflieferanten geworden, was sie auch auf ihr Ladenschild geschrieben hätten, und dann wäre alles anders gekommen; dann hätte mein Großvater sich nicht so zu plagen brauchen und wäre sicher nicht so jung gestorben, und wer weiß, wo wir heute alle schon wären, vielleicht in Paris oder gar in Glasgow. Glasgow, wo sie als ganz jungverheiratete Frau einmal mit meinem Großvater gewesen war, war aus irgendeinem Grund, den ich nie herausgefunden habe, so etwas wie das Ziel ihrer Wünsche. Und tatsächlich hätte eine Übersiedelung nach Glasgow, von der ich allerdings nicht weiß, wie eine österreichische Hoflieferantenlaufbahn dorthin hätte führen sollen, ihr Schicksal wirklich ganz anders gestaltet und ihr eine andere Reise erspart.

Nun, der Erzherzog überlegte es sich anders und ging weiter, ohne einzutreten. Aber das war nicht die einzige Erinnerung meiner Großmutter an die österreichisch-ungarische Monarchie. Nein, komischerweise und gelegentlich, als ich noch ein Kind war, zu meiner nicht unbeträchtlichen Verwirrung, hatte meine Großmutter auch der längst abgeschafften Währung des alten kaiserlichen Österreich die Treue gehalten: Sie rechnete nicht wie andere Menschen in Schillingen und Groschen, sondern immer noch in Gulden, Kronen, Kreuzern und Hellern, wobei besonders ihre Rechenmünzen wie Fünferl und Sechserl mir unlösbare Rätsel aufgaben.

Nicht, daß meine Großmutter in dieser Hinsicht völlig unelastisch gewesen wäre. Als die Inflation, die in meine ersten Kindheitsjahre fiel, vorüber war, hatte sie sich nachträglich entschlossen, in Inflationsbeträgen zu rechnen. Hundert Schilling zum Beispiel waren in ihrem Sprachgebrauch damals eine Million, ein Zehngroschenstück waren tausend Kronen. Zum richtigen Gebrauch der Worte Schilling und Groschen ging sie erst viel später über, gerade als diese Schillingwährung durch den Einmarsch der Hitlerarmee, den sogenannten Anschluß Österreichs an das Dritte Reich, abgeschafft und durch Reichsmark und Reichspfennige ersetzt worden war. Nun ja, auch diese Umstellung meiner Großmutter könnte man vielleicht zur Not noch komisch nennen, obwohl die politischen Entwicklungen, die sich in den Währungsänderungen spiegelten, keineswegs sonderlich komisch waren.

Auch an sich wenig komische Eigenschaften meiner Großmutter, wie ihre Ungeduld sich selbst gegenüber, konnten sich in komisch anmutender Form äußern. Daß sie zum Beispiel, wenn sie nur einmal oder zweimal niesen mußte, »Helf Gott!« zu sich sagte, beim dritten Mal aber: »Helf... Ach was, zerspring!« Und auch die Geschichte von dem nach einer Staroperation blindgebliebenen Auge, mit dem sie im Alter immer nach einer ganz anderen Richtung Ausschau zu halten schien als mit seinem lebenden Zwilling, dem sehenden Auge, und das sie, wann immer sie sich im Spiegel sah, wegen seines »blöden Blickes« beschimpfte, ist eigentlich gar nicht komisch.

Überhaupt, wenn fast alle Geschichten von meiner Großmutter irgendwie komisch anfingen, so heißt das natürlich nicht, daß sie bis zuletzt komisch blieben. Vielleicht verbarg diese Komik auch nur einen bitteren Nachgeschmack, der aber dann desto stärker werden mußte. Das Ende war, daß meine Großmutter, die wenige Monate nach dem Einmarsch Hitlers auch auf dem anderen Auge erblindete, schließlich, zweieinhalb Jahre nach Kriegsausbruch, aus Wien, wo sie seit ihrem zweiten Jahr gewohnt hatte und heimatberechtigt war, ins Ghetto Theresienstadt abgeschoben und kurz darauf von dort weiter, in ein Vernichtungslager, transportiert wurde. Dort ist sie dann in ihrem neunundsiebzigsten Lebensjahr, nicht ganz zwei Jahre vor Kriegsende, vergast worden.

Der Klapperstorch

Manche Erinnerungen reichen in meine früheste Kindheit zurück, als ich noch nicht gehen konnte. Ärzte, die mich in meinem ersten Schuljahr vieles fragten und dann miteinander darüber sprachen, nannten es unvollkommene Kindheitsamnesie. Seither habe ich herausgefunden, daß viel mehr Kinder, als man glauben würde, solche frühen Erinnerungen haben. Aber die Erwachsenen reden ihnen meistens ein, daß sie nur wiederholen, was man ihnen später erzählt hat.

Meine Urgroßmutter, die bei uns gewohnt hatte, starb, als ich ein Jahr und drei Monate alt war. Gleich nach ihrem Tod wurden in zwei Zimmern die Möbel umgestellt. Ich aber konnte später genau beschreiben, wo diese Möbel vor dem Tod meiner Urgroßmutter, an deren Stimme, Gesicht und schwarze Kleidung ich mich noch gut erinnere, gestanden hatten. Möbel waren für mich wichtige Stützen, um beim Gehenlernen nicht umzufallen. Manchmal waren sie auch Hindernisse, die einen zu Fall bringen konnten, zum Beispiel vorstehende Füße der Kredenz, die als Vogel- oder Löwenklauen geschnitzt waren. Auch an den Spieltisch kann ich mich heute noch erinnern, der manchmal ein Hindernis war, manchmal aber auch eine Stütze, ähnlich dem schwarzen, glänzenden Stock mit dem geschnitzten, gelblichen Elfenbeingriff, den meine Urgroßmutter mir für meine Gehversuche lieh, wenn sie fest in ihrem Lehnsessel saß. Der half mir, mich aufrecht zu halten, wenn er mir nicht gerade zwischen die Beine geriet. Durch Beschreibung dieses Stocks und des ursprünglichen Standorts jedes einzelnen Möbelstücks fand ich schließlich Glauben für meine Erinnerungen, wenn auch nicht für die allerfrühsten aus der Zeit, als ich noch im Kinderwagen lag.

Auch eines meiner wichtigsten Erlebnisse, kurz nach dem Tod der Urgroßmutter, ist mit einem Möbelstück verbunden, einem Fußschemel. Ich war noch nicht ganz eineinhalb Jahre und konnte nur ungeschickt gehen, aber für mein Alter anscheinend schon ziemlich gut sprechen. Zum Unterschied von meinen vielen Erklärungen über die Möbel, habe ich dieses Erlebnis nie mit meiner Großmutter oder Mutter besprochen, obwohl es für mich sehr bedeutsam war und auch meine erste Erinnerung an einen Denkvorgang ist, an eine verhältnismäßig komplizierte und zugleich schmerzhafte Überlegung.

Als ich ein Jahr und vier oder fünf Monate alt war, schob man mir viele Male einen Fußschemel unter das Küchenfenster, ein solides altes Stück, dunkelbraun, mit runden gedrechselten Beinen. Beim Hinaufsteigen bin ich einmal gefallen, seither stützte man mich oder hielt meinen Arm fest. Dann, wenn ich am offenen Fenster stand und gerade bis zum Fensterbrett hinaufreichte, gab man mir ein Stück Würfelzucker in die Hand, das ich für den Storch auf das Fensterbrett legen sollte. Auch einen Reim brachte man mir bei:

Klapperstorch, mein Guter,
Bring mir einen Bruder!
Klapperstorch, mein Bester,
Bring mir eine Schwester!

Immer wenn ich Zucker ins Fenster gelegt hatte, machte mich meine Großmutter, manchmal auch meine Mutter oder das Dienstmädchen, darauf aufmerksam, daß der Zucker nicht mehr da war. Der Storch müsse ihn geholt haben.

Trotz diesen günstigen Vorbereitungen geschah dann aber nichts. Ich erinnere mich aus dieser Zeit, daß ich in einem mir fremden Zimmer auf der Bettdecke meiner Mutter lag und einen der Knebel, die den Überzug an der Decke festhielten, abdrehte. Meine Mutter aber war nicht böse, sondern streichelte mir nur den Kopf. Daß sich dieses Zimmer im Sanatorium Hera befand, wo auch ich zur Welt gekommen war, wußte ich nicht; auch nicht, daß meine Mutter dort diesmal ein totes Kind geboren hatte.

In den nächsten Tagen und Wochen hörte ich nicht auf, nach dem Storch zu fragen, für den ich allerdings keinen Zucker mehr bekam, und ich fragte auch, so gut ich konnte, nach dem Bruder oder der Schwester, die mir der Storch doch bringen sollte. Aber meine Fragen stießen bei

Malvine Stein wenige Jahre vor ihrer Ermordung im Konzentrationslager

meiner Großmutter ebenso wie bei meiner Mutter auf Unverständnis: »Bruder? Schwester? – Wovon sprichst du, mein Kind?« Ich zeigte auf den Fußschemel, der noch in der Küche stand und wiederholte den Klapperstorch-Vers, den man mir beigebracht hatte.

»Nein, mein Kind, das haben wir dir nie vorgesagt. Das mußt du geträumt haben.« Auch das Dienstmädchen zuckte nur die Achseln.

Ich erinnere mich noch genau meiner völligen Ratlosigkeit. Ich muß nur die Augen zumachen, dann sehe ich meine grauhaarige Großmutter und das Dienstmädchen mit ihren auf dem Hinterkopf eingerollten braunen Zöpfen, den dunkelbraunen Fußschemel und den weißgestrichenen Fensterrahmen. Es war ein doppeltes Flügelfenster, aber zum Unterschied von den Fenstern in Salon, Speisezimmer und Schlafzimmer hatte es kein Fensterpolster. Da war nur das nackte, verkratzte Fensterbrett, auf das ich den Zucker gelegt hatte. Aber hatte ich ihn wirklich hingelegt? Und das Klapperstorchgedicht? Hatte meine Großmutter es mir vorgesagt oder nicht? Worte für Lüge oder Halluzination kannte ich noch nicht, und doch dachte ich etwas, was sich vielleicht so in Worte fassen ließe: »Entweder bin ich nicht, was ich glaube, oder die sagen mir alle etwas, was nicht ist.«

In diesem Augenblick sah ich die Narbe oberhalb meines rechten Knies. Beim zweiten oder dritten Mal, als ich den Zucker ins Fenster legen sollte, war ich vom Schemel gefallen und hatte mir das Knie wundgeschlagen. Seither hatte man mich jedes Mal festgehalten oder gestützt und ich war nicht wieder gefallen, aber die Narbe war noch da. Sie hatte eine ganz andere Farbe als die übrige Haut.

Ich atmete tief auf und sah die Narbe an. Ich rührte sie mit dem Finger an. Sie ließ sich nicht wegwischen und war glatt und weich. Ich sagte kein Wort mehr und zitierte auch keinen Klapperstorchreim. Ich zeigte auch nicht auf die Narbe, wie ich zuvor auf den Schemel gezeigt hatte, aber ich wußte jetzt, daß alles so war, wie ich es wußte, und nicht so, wie meine Großmutter, meine Mutter und das Dienstmädchen es mir gesagt hatten. Seither habe ich den Erwachsenen so gut wie nie mehr ohne weiteres etwas geglaubt, auch Jahre danach nicht.

Hundstage

Als ich vier Jahre alt war, sagte meine Großmutter zu unserem Dienstmädchen öfters: »Der Erich hat schon wieder Hundstage.« Mit dem Wort waren aber nicht wie sonst die heißen Sommertage unter dem Zeichen des Hundssterns gemeint, sondern in unserer Familie bedeutete das Tage, an denen ich weniger mit Menschen als mit unserem schwarzen Hund Schufti sprach, den ich – vielleicht mit Ausnahme meiner Großmutter – lieber hatte als irgendwen sonst in unserer Familie.

Ich hatte mir zur Aufgabe gesetzt, Schufti über verschiedene Dinge aufzuklären und ihn zu beruhigen, wo ich meinte, er könne sonst leicht Angst bekommen. Zum Beispiel hatte man mir erst vor gar nicht so langer Zeit einen Reim über den Abdecker, in Wien Schinder genannt, beigebracht:

Heut fährt der Schinder,
Fängt Hunde und kleine Kinder.

Man hatte mir erklärt, daß Hunde gefangen werden, wenn sie heimatlos herumstrolchen oder keine gültigen Hundemarken haben, Kinder aber, wenn sie schlimm waren. Man hatte mir auch Bilder in einem Buch mit Reimen gezeigt, die diese Behauptung bestätigten. Später wußte ich, daß es ein Buch von Wilhelm Busch war. Aber auch damals, mit vier Jahren, war ich schon nach wenigen Tagen zu dem Ergebnis gekommen, daß das wieder einmal nicht stimmte. Kinder jedenfalls wurden nicht vom Schinder geholt, und es wurde ihnen auch nicht die Haut abgezogen. Also sagte ich zu Schufti, der unter dem Küchentisch saß: »Du brauchst gar keine Angst zu haben, mich holen sie nicht und dich auch nicht. Du hast auch eine Marke, die klingelt, wenn du den Kopf schüttelst.« Am schönsten schüttelte Schufti den Kopf, wenn er aus dem Wasser kam und sich trocknete. Dann wurden alle in weitem Umkreis naß.

Meine Großmutter hörte aber selten meine ganzen Reden an Schufti, sondern meistens nur einen Teil oder einen Spruch, den ich zu guter Letzt anhängte, zum Beispiel:

Schufti, fürchte dich nicht!
Ein Hund hat kein Gesicht.

»Er redet schon wieder Unsinn«, sagte dann meine Großmutter zu Käthe, dem Dienstmädchen. Sie hatte längst vergessen, daß sie selbst mir gesagt hatte, ein Gesicht habe eigentlich nur ein Mensch. Ich aber wußte aus eigener Beobachtung, daß Schufti ein Gesicht hatte, mehr als viele Leute. Demnach war er also nicht nur ein Hund, sondern ein Mensch. Und deshalb, und weil er ja auch keinesfalls ein schlimmes Kind war, drohte ihm auch vom Schinder keine Gefahr. Daher mein beruhigender Spruch, den nur die Erwachsenen nicht verstanden.

Manchmal allerdings wäre es vielleicht noch schwerer gewesen, mich zu verstehen, denn in meinen Gesprächen mit Schufti gebrauchte ich oft Worte, die die Erwachsenen nicht kannten. Die zwei häufigsten waren »Nettojajer«, das hieß Schornsteinfeger oder, wie man in Wien sagte, Rauchfangkehrer, und »Nattojajer«, was schlimme Kinder hieß. Die Ähnlichkeit der beiden Worte ist ebenso leicht erklärlich wie der Tonfall des ersten Wortes. Nettojajer hat genau dieselbe Kadenz wie Rauchfangkehrer. Vielleicht war das Wort sogar ein Überbleibsel aus einer Zeit, in der ich zwar schon die Betonung eines mir vorgesagten Wortes nachahmen konnte, noch nicht aber die schwierigen R-Laute und was sonst noch Ausspracheschwierigkeiten verursachte. Daß aber Rauchfangkehrer und schlimme Kinder, Nettojajer und Nattojajer, fast gleich klangen, kam daher, daß der Rauchfangkehrer, wie man mir versichert hatte, schlimme Kinder abholt und in seinen schwarzen Sack steckt. Und das war selbstverständlich ein wichtiges Thema meiner Gespräche mit Schufti, besonders seit ich draufgekommen war, daß es nicht wahr war, was zur Beruhigung Schuftis dienen konnte.

Schufti war ein sehr lebhafter Hund. Wenn er mit seinem nichtgestutzten Schwanz wedelte, schlug er, wenn er

Erich Fried in der ›Wunderkinderzeit‹, etwa 5–6 Jahre alt. Die Aufnahme, die Fini (siehe die gleichnamige Geschichte) aufbewahrt hatte.

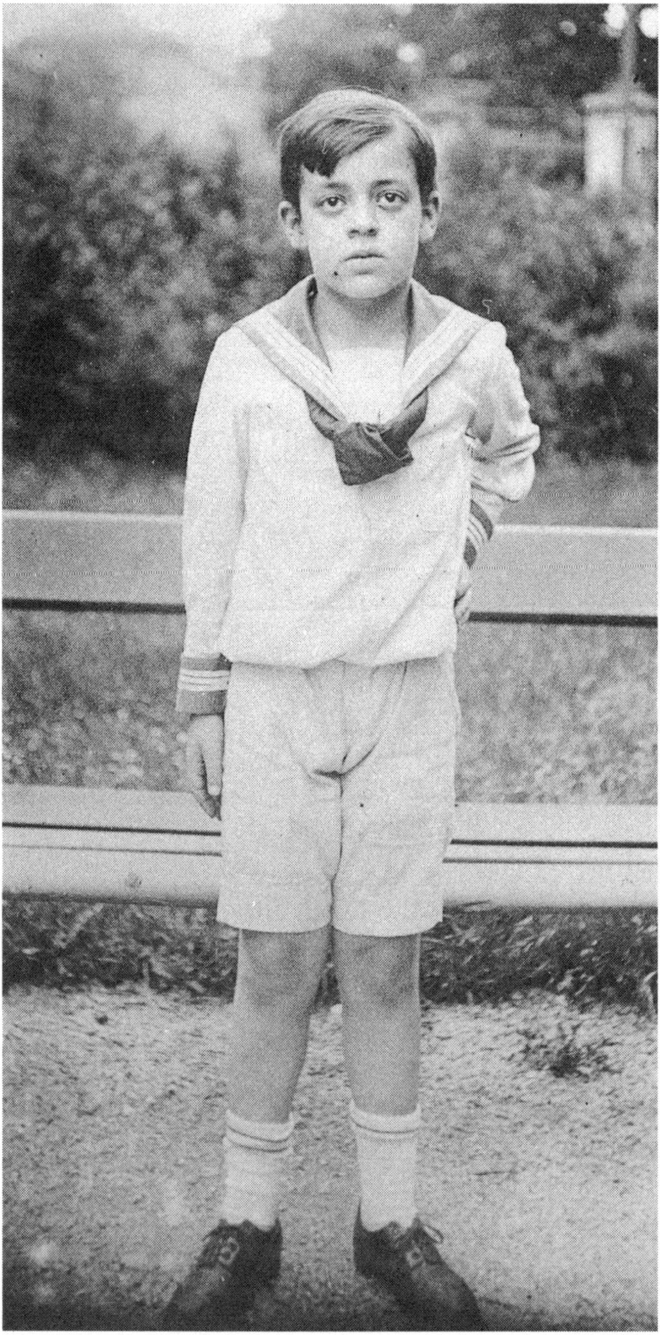

im Sitzen war, einen schnellen Takt auf den Küchenboden. Das war einer der Gründe, warum ich ihn für ein besonders erregbares Mitglied meiner Familie hielt und ihn immer zu beruhigen versuchte. Sein Lieblingsplatz war unter dem Küchentisch, dessen Beine gekreuzt waren, so daß sie einen Buchstaben H bildeten. In die V-förmige Vertiefung der oberen Hälfte dieses H legte Schufti gerne sein Kinn, sah mich an, wenn ich zu ihm sprach und blinzelte nur ab und zu mit den Augen. Ich fragte ihn dann immer: »Muß man Karten nehmen?«

Auch diese Äußerung erklärte meine Großmutter mit meinen Hundstagen, beziehungsweise damit, daß ich verrückt sei. Was sie nicht wußte, war, daß diese Worte ein zwischen Schufti und mir feststehender Witz waren. Ich hatte ihm ausführlich erklärt, daß mich seine Art, wie er sein Kinn in das V der Beine des Küchentisches legte und zwischen diesen gekreuzten Tischbeinen hervorschaute, lebhaft an den Gesichtsausdruck der Schalterbeamten der Wiener Stadtbahn erinnerte, bei denen man damals – es war lange vor der Einführung der Fahrscheinautomaten – die Fahrscheine, kurz Karten genannt, lösen mußte. »Muß man Karten nehmen«, bedeutete also, daß Schufti den Schalterbeamten spielte und ich den Fahrgast. Meine Großmutter regte sich jedesmal auf, wenn sie mich fragen hörte, ob man Karten nehmen müsse. Schufti aber blieb dabei immer völlig ruhig, Beweis genug für mich, daß er jedes Wort verstand.

Ein besseres Kind

In meiner Kinderzeit in Wien gab es viel Elend. Ich als sogenanntes besseres Kind bekam wenig davon am eigenen Leib zu spüren, obwohl auch bei uns gelegentlich das Gas oder der elektrische Strom abgesperrt wurde, weil wir die Rechnung nicht rechtzeitig bezahlen konnten. Aber an gutem Essen und Obst fehlte es mir nie. Meine Großmutter versuchte nur, alles möglichst billig einzukaufen, das Obst zum Beispiel an einem der Marktstände am Ufer des Donaukanals.

Seit der Donauregulierung vor über hundert Jahren durchzieht der Donaukanal westlich vom eigentlichen Strom, den die Wiener die Große Donau nennen, die Stadt ungefähr von Norden nach Süden. Stromabwärts einer der Brücken legten die langen hölzernen Obstkähne an, die den Obstmarkt oben belieferten. In meinen ersten Lebensjahren war es die mit schönem eisernem Schnörkelwerk verzierte alte Brigittabrücke, die dort den Donaukanal überquerte. Später wurde sie zu meinem Leidwesen durch die gar nicht verschnörkelte Friedensbrücke ersetzt. Der Obstmarkt aber blieb derselbe. Die einfachsten Obststände bestanden nur aus langen Brettern, die auf zwei, drei Böcke gelegt waren, abends beleuchtet von einer Karbidlampe.

Auf der Uferböschung selbst trieben sich zerlumpte Kinder herum, von meiner Mutter als Gassenjungen bezeichnet. Die verschafften sich Äpfel, indem sie die Männer, die unten die Apfelkähne festmachten, beschimpften, bis diese wütend wurden und mit Äpfeln nach ihnen warfen. Aber manchmal erwischten die Männer einen Jungen, der sich mit dem Einsammeln der so erbeuteten Äpfel zu lange aufhielt und verprügelten ihn.

Ich hatte das nicht nötig. Meine Großmutter kaufte soeben Äpfel, Birnen und sogar eine Banane. Aber dicht neben dem Stand, an dem sie die Birnen aussuchte, erhob sich ein zweiter, für meine Begriffe geradezu prächtig ausgestatteter Stand, ein richtiger Laden, denn er war von

Die Brigittabrücke in Wien

einer Holzwand mit Fenstern umgeben und innen elektrisch beleuchtet, nicht nur mit Karbidlampen, wie die anderen Stände. Und vor dem einen Seitenfenster lagen zerschnittene Kokosnüsse. Die hatte man mir noch nie gekauft, obwohl ich darum gebeten hatte. Ich wußte nicht, wie sie schmeckten.

Vor dem Seitenfenster des Obstladens lag sehr viel aufgestapelt, und die Ladeninhaberin war vorne beschäftigt. Ohne weitere Überlegung griff ich nach einer Kokosnußscheibe, aber die häßliche Ladeninhaberin hatte offenbar ihre Augen überall. Sie stieß das Fenster von innen auf und schrie: »Schau, daß du weiterkommst, du Dieb, du!«

»Ich bin kein Dieb! Ich bin ein anständiges Kind«, schrie ich sie an. Ich begann zu weinen, schrie aber trotzdem weiter, nur noch lauter. Gleichzeitig begann ich mit allem, was in Reichweite war, Äpfeln, Bananen, auch Kokosnußscheiben, nach ihr zu werfen: »Diese häßliche alte Hexe lügt! Ich habe nichts gestohlen!«

Das stimmte sogar, denn sie hatte mein Stehlen ja im letzten Augenblick verhindert. »Sie sagt das nur, weil meine Großmama nicht bei ihr kauft, sondern nebenan!«

Die Leute um mich herum hielten mich zwar davon ab, weiter zu werfen, waren aber freundlich zu mir, suchten mich zu beruhigen und nahmen fast alle gegen die Marktfrau Partei.

»Großmama, Großmama!« rief ich klagend. Sie holten meine Großmutter. Die tröstete mich, aber ich konnte nicht aufhören zu weinen. Die Tränen waren echt. Sogar meine Empörung war echt, nur war sie zum Teil Empörung über mich, über das, was ich in mir nicht akzeptieren konnte.

Noch ein, zwei Jahre lang habe ich jedes Mal, wenn wir an diesem Obststand vorbeikamen, empört auf den Boden gespuckt und mich dabei vor Entsetzen geschüttelt, auch vor Haß. Ich haßte die Frau, weil sie mich ertappt und Dieb genannt hatte, aber ich haßte auch mich, als Dieb, als Lügner und erfolgreichen Heuchler. Ich konnte mich nicht mehr für etwas Besseres halten als die Gassenjungen, die an der Uferböschung die Männer von den Apfelkähnen beschimpften und die Äpfel einsammelten, die man deshalb nach ihnen warf, immer in Gefahr, verprügelt zu werden.

Kokosnüsse kann ich bis heute nicht essen.

Der Rollstuhl

Als ich etwa vier Jahre alt war, ging meine Großmutter mit mir im Kurpark in Baden bei Wien spazieren, wo wir eine Sommerwohnung gemietet hatten. Ich liebte diese Spaziergänge, weil der gepflegte Kurpark sich nach und nach in den Wald verlor, was ich romantisch fand, obwohl ich das Wort romantisch noch gar nicht kannte. Außerdem sah meine Großmutter damals schon schlecht und forderte mich deshalb oft auf, mir etwas anzusehen und ihr darüber zu berichten. Dann fühlte ich mich als wichtiger Helfer.

An diesem Tag tauchte links neben uns ein Rollstuhl auf, in dem ein noch junger Mann denselben Weg zum Wald hinauf geschoben wurde, den auch wir gingen. »Ist das ein Rollstuhl mit einem jungen Mann?« fragte meine Großmutter. Ich bejahte. Nun bemühte sie sich, möglichst genau hinzuschauen. Schließlich fragte sie: »Trägt er eine Brille? Und hat er braunes, zurückgekämmtes Haar?« Auch das mußte ich nach einem flüchtigen Blick bejahen. Großmutter nickte traurig und sagte: »Wart ein wenig. Wir haben es ja nicht so eilig.«

Wir warteten, bis wir ein Stück hinter dem Rollstuhl zurückgeblieben waren. Dann sagte sie: »Diese Familie kenne ich nämlich. Ich wollte das nur nicht sagen, solange er in der Nähe war.« Ihre Stimme wurde um eine Schattierung bedeutsamer: »Weißt du, warum dieser junge Mann im Rollstuhl gefahren werden muß?«

Ich wußte es natürlich nicht, aber die Erklärung ließ, obwohl vorsichtig und nur mit Umschreibungen gegeben, dennoch nicht lange auf sich warten. Es lief darauf hinaus, daß dieser junge Mann als Kind seinen Körper unten berührt habe, was nicht nur verboten, sondern eben auch höchst gesundheitsschädlich sei. Vielleicht werde man vom lieben Gott für die Sünde bestraft, das wisse sie nicht genau. Sicher sei nur, daß einem davon das Rückgrat schmelze, so daß man dann gelähmt sei. »Aber laß, mein Kind«, setzte sie hinzu. »Der Park ist so schön; denken wir lieber an etwas anderes.«

Es fiel mir aber schwer, an etwas anderes zu denken. Ich war zwar seit frühester Kindheit gewohnt, meiner Großmutter und meiner Mutter nichts mehr ohne weiteres zu glauben, weil sie mich belogen hatten, aber diese Sache mußte ganz bestimmt wahr sein. Großmutter hatte mich ja erst fragen müssen, ob das wirklich jener junge Mann sei, also kannte sie offenbar ihn und auch seine Familie. Sie hatte mir das alles auch gar nicht aufdringlich oder drohend mitgeteilt, sondern mich mit ihrem Hinweis auf die Schönheit des Parks zuletzt sogar abzulenken versucht.

Nein, ablenken wollte ich mich nicht lassen. Meine Großmutter wußte wahrscheinlich selbst nicht, wie wichtig das für mich schon war, wenn auch erst seit kurzem. Weder meine Großmutter noch ich kamen wieder darauf zu sprechen, aber volle zwei Jahre lang hatte diese Sache ganz entschiedene Nachwirkungen auf mein Verhalten und mehr noch auf meine immer wieder neugelobten Vorsätze.

Zum Glück begann ich früh, Bücher zu lesen, die ich meist aufs Geratewohl einem der Bücherschränke meiner Eltern entnahm. So fiel mir, als ich sechs Jahre alt war und schon rascher lesen als sprechen konnte, das Buch »Der Sohn einer Magd« von August Strindberg in die Hände, eine Art Autobiographie, sehr lesbar, ja spannend. Plötzlich eine Stelle, an der Strindberg berichtete, wie man ihm als Junge vom schmelzenden Rückgrat und von der späteren Lähmung und Blindheit erzählt hatte. Er habe jahrelang die ärgsten Seelen- und Gewissensqualen ausgestanden, bis er zufällig an einen Arzt geraten sei, der seinen verhaltenen Antworten etwas angemerkt habe. »Da!«, er solle doch ihn ansehen, hatte der Arzt gesagt, und er, der Arzt, habe es als kleiner Junge jeden Tag nicht einmal, sondern mehrere Male gemacht, und er sei immer noch in ausgezeichneter Verfassung, das gelte auch für seine Leistungen in der Ehe.

Ich las mir Strindbergs Worte und vor allem, was der Arzt ihm gesagt hatte, noch einmal durch, dann nahm ich das Buch, ging ins andere Zimmer hinüber zu meiner Großmutter und klatschte es aufgeschlagen vor ihr auf den Tisch: »Da, deine Lügen!« Sie sah den Namen Strindberg und fragte: »Wie kommst du überhaupt zu diesem Buch?« »Ganz gleich«, sagte ich, »lenk nicht vom Thema ab!«

Meine Großmutter, die wirklich nicht mehr gut sah, stand auf, holte ihr Vergrößerungsglas, setzte sich hin, rückte sich dann noch einmal zurecht, so daß mehr Licht einfiel, und las und las. Als sie fertig war, sah sie mich an und sagte: »Hmmm«, sonst nichts.

Ich war überzeugt, daß ich ihr eine Lüge nachgewiesen hatte, aber heute bin ich dessen nicht mehr so sicher. Meine Großmutter ist im Jahr 1864 zur Welt gekommen. Vielleicht hat sie auf Grund ihrer Erziehung das vom geschmolzenen Rückgrat und dem Gelähmtwerden wirklich geglaubt und hat, als der Mann im Rollstuhl an uns vorübergeschoben wurde, nur versucht, die Wirklichkeit im Interesse der Wahrheit ein wenig zurechtzurücken. Im Interesse dessen, was sie für Wahrheit hielt.

Ich werde es nie mehr wissen. Als ich groß genug war, solche Fragen ernsthaft zu stellen, marschierten Hitlers Truppen in Österreich ein. Ich floh nach England, aber meine Großmutter blieb zurück und ich sah sie nie wieder.

Wunderkinderzeit

Im Liechtensteinpark, dem einzigen Park in der Nähe des Mietshauses, in dem ich vier Treppen hoch wohnte, fand ich, daß ich nicht so gut laufen und springen konnte wie andere Kinder. Darüber war ich nicht erstaunt, denn das hatte mir mein Vater schon mehrmals vorgeworfen, wobei er Zweifel an meiner Lebensfähigkeit äußerte und sich zum Schluß Betrachtungen hingab, wie ein Mann wie er zu einem solchen Kind gekommen sei.

Diese Vorhaltungen störten mich mehr als meine Ungeschicklichkeit, unter der ich allerdings später noch dank verschiedenen Turnlehrern zu leiden hatte. Im Park aber war ich auf einen einfachen Ausweg verfallen. Ich versammelte andere Kinder um mich und erklärte ihnen, zur Abwechslung wollten wir einmal nicht Schnur springen und um die Wette laufen, sondern etwas anderes tun. Dann erzählte ich ihnen spannende Geschichten, die ich meist eigens zu diesem Zweck ganz rasch erfinden mußte, oder wir inszenierten irgendeine Phantasiekomödie oder -tragödie, die ich mir ausgedacht hatte. Selbstverständlich spielte ich dabei mit.

Ein arbeitsloser Regisseur namens Hans Wachsmann, der berühmt werden wollte, zu welchem Zweck er sich mit Künstlernamen Hansmann nannte und auf Talentsuche den Park durchstreifte, wurde auf mich aufmerksam. Er ließ sich meine Adresse geben und überredete meine Mutter und sogar meine Großmutter, mich in einer Raimund-Inszenierung mitspielen zu lassen. (Raimund war ein Wiener Märchenspielautor der Biedermeierzeit, den sogar ich vom Puppentheater her schon kannte.) Eine Truppe von Kindern, allerdings die meisten viel älter als ich, sollte an einigen Theatern in Wien und Umgebung Raimunds ›Verschwender‹ aufführen, unbezahlt, zum wohltätigen Zweck der Errichtung eines Denkmals für den großen Raimundschauspieler Girardi. Wir sollten dann auch einige Kunstreisen machen.

Großmutter und Mutter willigten ein. Meine Mutter war, als ich mich zum Star der Truppe entwickelte, Feuer und Flamme für meine neue Laufbahn als Wunderkind. Auch ich fühlte mich im allgemeinen sehr wohl, denn das Rollenlernen fiel mir ebenso leicht wie das Spielen, und meine Erfolge auf der Bühne entschädigten mich für meine sportliche Ungeschicklichkeit.

Zu den Erfolgen gehörte, daß mich auch die älteren Kinder unserer Truppe voll gelten ließen, ferner lobende Presserezensionen, bewundernde Blicke von Fremden und Bekannten, aber auch die riesigen Bonbonnieren und Blumensträuße, die am Ende einer Aufführung aus dem Zuschauerraum für mich auf die Bühne gebracht wurden. Einmal erhielt ich sogar eine Zimmerpalme, die aber zu meinem tiefen Bedauern bald einging.

Ein furchtbares Unglück aus jener Zeit, Mißerfolg wäre ein viel zu milder Ausdruck, vergaß ich so gründlich, daß ich mich erst als erwachsener Mann wieder daran erinnerte. Ich hatte auf Betreiben meiner Mutter im Hause eines reichen Onkels Gedichte und Monologe vor einem großen Kreis von Verwandten eben erst aufgesagt, als ich mich zur hellen Freude der Zuschauer plötzlich naß machte. Das hysterische Lachen der anwesenden Tanten und die Spottworte einiger männlicher Zuschauer waren so unerträglich, daß ich schon am Tag nach meinem schleunigen Rückzug an die Einzelheiten nicht mehr denken konnte und nach wenigen Tagen wieder soweit war, meine Künstlerlaufbahn nur als Kette ununterbrochener Erfolge zu sehen.

Gewiß, manchmal gab es auch Pannen. Zum Beispiel mußte mir die unglückliche Maskenbildnerin eines Abends meinen grauen Bart und meine wirren, grauweißen Haare, die zu meiner Rolle als Bettler gehörten, mindestens viermal von neuem ankleben, denn eine der Mütter hatte ein kleines Kind in die Garderobe mitgebracht, das vor dem grauweißen Haarwust erschrak und dem ich daher immer wieder durch Abreißen von Bart und Perücke klarzumachen versuchte, daß auch ich ein Kind sei und daß es sich vor mir nicht fürchten müsse. Meine Versuche, das weinende Kind zu trösten, brachten schließlich die Maskenbildnerin fast zum Weinen. Aber als ich auf die

Bühne gerufen wurde, saß der Bart schließlich doch ganz richtig, nur die Perücke war ein wenig verrutscht, doch das bemerkte niemand.

Nicht ganz einfach war es auch mit den Zeitungskritiken. Die waren zwar sehr schmeichelhaft für mich, besonders da sie im überschwenglichen Stil damaliger Wiener Reporter geschrieben waren, aber meine Mutter war auf die Idee gekommen, ich solle doch meine Zeitungskritiken auswendig lernen. Auch das ging noch an, aber dann forderte sie mich bei jeder möglichen und unmöglichen Gelegenheit auf: »Sag doch, Erich, was die Zeitung über dich geschrieben hat.«

Als braves Kind sagte ich dann: »Erich Fried war als ›Azur‹ und ›Bettler‹ nicht nur ein blendender Sprecher, sondern auch ein Schauspieler von geradezu dämonischer Wirkung...« Dabei hatte ich meine eigene Meinung von dem Wort *geradezu*, das ich für fast gleichbedeutend mit *allzusehr, allzuviel des Guten* hielt. Daher betonte ich es auf der letzten Silbe und sagte jedesmal: »... von gerade *zu* dämonischer Wirkung...«, worauf mir meine Mutter unter dem Tisch oder hinter meinem Rücken jedes Mal einen Stoß oder Tritt versetzte und mir, wenn gerade niemand zu nahe war, ins Ohr zischte: »Du blöder Fratz, wie oft soll ich dir noch sagen, es heißt *gerade*zu?«

Dieses Aufsagen von Zeitungskritiken auf Geheiß meiner Mutter war mir unangenehm, nicht nur wegen der heimlichen Beschimpfungen. Viel erfreulicher fand ich, daß mich unser Regisseur Hansmann offenbar zu brauchen schien. Bei Pressekonferenzen vor den Theateraufführungen mußte ich immer dabeisein, um mit den Journalisten zu sprechen. Ich könne sprechen wie ein Buch, lobte er mich. Überhaupt zeigte er mich gerne vor, zwar geschickter als meine Mutter, aber nach und nach wurde es mir klar, daß ich für ihn wichtig war, um sich einen Namen zu machen. Das gab mir Selbstsicherheit, die mir sonst bitter gefehlt hatte, ja fast ein Machtgefühl.

Während einer sogenannten Kunstreise eines Teiles unserer Truppe in die Umgebung Wiens kam mir das zustatten: Wir Kinder wurden nachts im Hotel aus Sparsamkeitsgründen immer zu zweit in ein Bett gesteckt. Beim Abendessen im Hotel Panhans am Semmering erklärte ich, ich werde morgen nur mitspielen, wenn man mich heute Nacht in dasselbe Bett tut wie Erika. In Erika, die mit ihren zwölf Jahren gerade doppelt so alt war wie ich, war ich heftig verliebt. Ich bekam meinen Willen. Erika, zwar verlegen, aber offenbar auch geschmeichelt durch die Gefühle des Stars der Truppe, willigte ein und erklärte: »Du darfst mich streicheln und küssen, aber ansonsten mußt du ein Gentleman sein.« Das versprach ich und hielt es auch, obwohl ich mir von einem Gentleman keine genaue Vorstellung machen konnte.

Im Einschlafen nahm ich mir fest vor, von noch intensiveren Zärtlichkeiten zu träumen. Auch dieser Wunsch ging in Erfüllung, aber als endloser Albtraum, in dem Erika und ich zwei rhythmisch bewegte Skelette waren.

Am nächsten Morgen, als wir es uns im Frühstückszimmer so gut schmecken ließen, daß ich mich nicht einmal mehr über die Skelette ärgerte, saß an meiner einen Seite Erika, an meiner anderen aber ein ungarischer Junge meines Alters, Szandor, ebenfalls in Erika verliebt, der jedoch kein Star war und daher keinen Platz an ihrer Seite, geschweige denn in ihrem Bett, ergattern konnte. Szandor hatte meinen Morgengruß mürrisch erwidert. Als das Frühstück fast vorbei war, war er plötzlich verschwunden, und gleich darauf hatte ich ein sonderbares Gefühl an meinem linken Oberschenkel. Ich sah unter den Tisch und zog dann den etwas verwirrten Szandor am Kragen hervor. Er hatte versucht, mir mit dem Frühstücksmesser mein linkes Bein abzuschneiden, was zwar dadurch, daß ich kurze Hosen anhatte, ein wenig erleichtert wurde, dennoch aber ein völlig hoffnungsloses Beginnen war. Ich blutete nicht einmal. Sein Motiv war mir augenblicklich klar, und ich hatte auch Einfühlungsvermögen genug, um Verständnis dafür zu haben. Aber ich fragte ihn kopfschüttelnd: »Wie kannst du so dumm sein, zu glauben, daß ich das nicht rechtzeitig bemerke, wenn du es ohne Lokalanästhesie tust?«

Mir war nämlich erst vor einigen Wochen ein weher Finger in der Poliklinik mit Lokalanästhesie geschnitten worden, und nun glaubte ich, daß ich alles wußte, was es über Lokalanästhesie zu wissen gab. Szandor hingegen ließ sich auf keine Diskussion ein, sondern sah mir voll ins Gesicht, streckte die Zunge heraus und sagte: »Bäh!«, was mich empörte und veranlaßte, mich ihm unendlich überlegen zu fühlen. Erst viele Jahre später stiegen mir Zweifel auf, ob seine Reaktion nicht vielleicht die einzig angemessene gewesen sei.

Mein durch meine Starrolle erworbenes Gefühl der Selbstsicherheit auf der Bühne hatte aber ein halbes Jahr später, zu Weihnachten 1927, ganz andere und, wie ich meine, bessere Folgen.

In Wien waren in jenem Jahr 1927 Rechtsradikale, die in der Ortschaft Schattendorf Arbeiter ermordet hatten, von Richtern, die politisch den Mördern näherstanden als ihren Opfern, in allen Instanzen freigesprochen worden; zuletzt, trotz einer großen Demonstration empörter Arbeiter, am 14. Juli 1927 vom Obersten Gericht, das im Justizpalast tagte. Am folgenden Tag kam es zum Zusammenstoß zwischen der Polizei und den demonstrierenden Arbeitern. Dabei wurde ein Polizist getötet, die Polizei aber erschoß 86 Arbeiter.

An dem Tag war meine Mutter zufällig mit mir in den 1. Bezirk, die Innere Stadt, gegangen und hatte, weil die Straßen seit Anfang des Kampfes nicht mehr passierbar waren, in einem Laden bei Bekannten Zuflucht gefunden. Durch das Schaufenster sah ich Bahren mit Toten und Verwundeten.

Kurz darauf ließ der in Wien lebende Schriftsteller Karl Kraus an den Plakatwänden der Stadt große Plakate anschlagen, gerichtet an den Polizeipräsidenten Dr. Schober, der für das Massaker verantwortlich war: »Ich fordere Sie auf, abzutreten. – Karl Kraus«, lautete der Text. Die Worte *auf* und *ab* waren typographisch, soweit ich mich erinnere, untereinander angeordnet, was auf mich, der ich erst vor kurzem lesen gelernt hatte und noch keineswegs ornamental schreiben konnte, tiefen Eindruck machte. Natürlich war der Blutige Freitag, wie man den Tag des Massakers in Wien nannte, wochenlang Gesprächsthema der Erwachsenen.

1927 war mein erstes Schuljahr. Mein Lehrer hatte meine Fähigkeit, Gedichte zu deklamieren, desto schneller entdeckt, als ich damit keineswegs hinter dem Berge gehalten hatte. Ich sollte nun zu Weihnachten im Festsaal unserer Schule, einem großen Saal in einem nahen Gemeindehaus, den meine Marktgasse-Schule mit zwei anderen teilte, ein Weihnachtsgedicht aufsagen. Als ich schon auf der Bühne stand, hörte ich unten jemand sagen: »Der Herr Polizeipräsident ist auch unter den Gästen.« Also trat ich vor, verbeugte mich und sagte in meiner besten Redemanier: »Meine Damen und Herren! Ich kann leider mein Weihnachtsgedicht nicht aufsagen. Ich habe gerade gehört, Herr Polizeipräsident Doktor Schober ist unter den Festgästen. Ich war am Blutigen Freitag in der Inneren Stadt und habe die Bahren mit Toten und Verwundeten gesehen, und ich kann vor Herrn Doktor Schober kein Gedicht aufsagen.« Nochmals verbeugte ich mich und trat dann zurück. Der Polizeipräsident, den ich erst jetzt sah, sprang auf und verließ sofort, gefolgt von zwei, drei Begleitern, den Saal. Er oder einer aus seinem Gefolge schlug krachend die Tür zu. Ich trat wieder vor und sagte: »Jetzt kann ich mein Weihnachtsgedicht aufsagen.« Ich deklamierte das, wie ich heute weiß, ohnehin jämmerlich schlechte Gedicht mit all dem Pathos, das man mir beigebracht hatte. Großer Applaus, ich verbeugte mich noch mehrmals und zog mich dann zurück. Mein Lehrer, Franz Ederer, ein linker Sozialdemokrat, wartete schon auf mich. Er umarmte mich: »Das ist ja großartig, Erich! Wie bist du nur auf diese Idee gekommen?«

Mein Vater war weniger erfreut. Er grollte: »Ich dulde das nicht. Der Junge schwimmt mir in kommunistischem Fahrwasser!« Ich hatte keine Ahnung, was das hieß, aber da mein Vater, der auch gegen meine schauspielerische Betätigung gewesen war, es so ablehnend sagte, mußte es grundsätzlich etwas Gutes sein, folgerte ich. Außerdem liebte ich meinen Lehrer, während ich meinem Vater damals dauernd und nicht ganz unverständlicherweise böse war. Also interessierte ich mich lebhaft für das, was er gesagt hatte und beschloß, mich über den Sinn seiner Worte möglichst bald zu informieren.

Wir hatten zwar die Luxusausgabe von Meyers Konversationslexikon, aber leider nur die ersten sechs Bände, so daß das Wort GAIMERSHEIM das letzte war. Band 6 ging nicht einmal bis GESCHLECHTSORGANE, geschweige denn KOMMUNISMUS. Ich konnte also nur FAHRWASSER nach-

Feuerwehrleute mit der juristischen Bibliothek, die am ›Blutigen Freitag‹ aus dem brennenden Justizpalast gerettet wurde

schlagen. Da stand: »Wasserstraße, welche die Schiffe zu wählen haben, um sicher ans Ziel zu gelangen.«

Wegen des anderen Wortes mußte ich warten, bis meine Großmutter mich das nächste Mal zu Tante Anna mitnahm, die zwar nicht die Luxusausgabe, dafür aber alle Bände hatte. Dort sah ich unter KOMMUNISMUS nach, und weiter, dank der ständigen wiederholten Hinweise, »Siehe denselben«, auch Sozialismus, Marx, Engels, Sozialistengesetze. So verdankte ich meinem Vater und Meyers Konversationslexikon von der Jahrhundertwende meine erste Einführung in die Grundzüge politischen Wissens.

Eine verschwenderische Gabe

Zur Zeit der Wirtschaftskrise gegen Ende der zwanziger Jahre gab es in Wien sehr viele Bettler, Kriegskrüppel und Arbeitslose, Sänger, die, manchmal mit Musikinstrumenten, aus den Höfen der Häuser oder aus ruhigeren Nebenstraßen zu den Fenstern hinaufsangen und nach einigen Schlagerliedern ihre Bittsprüche hersagten, und Straßenbettler, die immer an derselben Stelle saßen. Unternehmendere Bettler sprachen mit vorgehaltener Hand oder mit vorgehaltenem Hut auch vorübergehende Männer an, Frauen nur selten. Frauen anzusprechen, war nicht ratsam, weil die oft heftig erschraken, so daß der Bettler dadurch in Schwierigkeiten geraten konnte.

Ich war damals acht, neun Jahre alt. Gleich vielen anderen »besseren« Kindern, die nicht selbst Hunger leiden mußten, hatte ich von klein auf eine Leidenschaft dafür entwickelt, Bettlern Geld zu geben. Wehe, wenn meine Großmutter oder meine Mutter an einem Bettler vorübergehen wollten, ohne mir etwas für ihn in die Hand zu drükken. Auch Argumente wie: »Wir haben jetzt keine Zeit«, oder »Der sieht mir gar nicht danach aus, als ob er wirklich etwas nötig hätte«, oder »Nein, der vertrinkt das nur«, ließ ich nicht gelten.

Meine Großmutter erzählte mir einmal eine Geschichte von einem Bettler, der viele Jahre lang an einem besonders günstigen Platz gesessen habe. Nach seinem Tod habe sich herausgestellt, daß er reich gewesen sei, Eigentümer zweier Häuser. Das war mir unangenehm. »Glaubst du, daß alle Bettler reich sind«, wollte ich wissen. Nein, das glaubte sie nicht. »Oder viele?« Als meine Großmutter zugab, daß die meisten Bettler arm seien, hatte ich gesiegt. Sie erzählte mir sogar noch aus freien Stücken, daß sie als kleines Kind im vorigen Jahrhundert geglaubt habe, auch ein Bettler habe doch bestimmt ein Vermögen von ein paar hundert Gulden, was damals immerhin dem halben Jahresgehalt eines Arbeiters entsprochen hätte.

Wiener Bettler (Aufnahme aus den zwanziger Jahren)

Es gelang mir fast immer, den Erwachsenen für Bettler, an denen wir vorüberkamen, einige kleine Münzen abzuknöpfen, und oft erhielt ich auch für die sehr zahlreichen Hofsänger Geld, das ich sorgfältig in Zeitungspapier einwickelte und ihnen zum Fenster hinunterwarf, wie es Sitte war. Nur bei besonders anziehend aussehenden Sängern nahm ich mir keine Mühe, denn denen warf unser Dienstmädchen schon von sich aus etwas hinunter.

Mein Traum aber war es, einem Bettler, womöglich einem besonders armen Bettler, nicht nur einige kleine Münzen, sondern einen Geldschein geben zu können. Aber natürlich hatte ich weder genug Taschengeld, das man mir meist ohnehin zu geben vergaß, noch war daran zu denken, meiner Mutter oder meiner Großmutter für einen Bettler einen Geldschein abzuschmeicheln. Mein Vater kam schon deshalb nicht in Frage, weil er nie mit mir ausging.

Mein Traum ging erst nach einigen Jahren auf dem Heimweg von einem Schulausflug in Erfüllung. Ich diskutierte gerade mit Steiner, einem reichen Mitschüler, der aber freundlich und kameradschaftlich war, so daß man ihm sogar nachsehen konnte, daß er mit dem Wohlstand seiner Eltern und mit seiner teuren Füllfeder, seiner goldenen Armbanduhr oder seinem dicken Siegelring gerne ein wenig prahlte. Eine andere seiner Schwächen war seine Wettleidenschaft, wegen der ich ihm, gerade jetzt, auf dem Heimweg von diesem Ausflug, Vorhaltungen zu machen versucht hatte, die er aber mit der Erklärung abwehrte, er habe eben Glück, daß er sich das leisten könne.

In diesem Augenblick kam am Straßenrand, ein kleines Stück vor uns, ein besonders arm und abgezehrt aussehender Bettler in Sicht. Ich griff in meine Tasche, fand aber, daß ich keine Münze mehr hatte, nur noch den Zehnschillingschein, den meine Großmutter mir immer für Notfälle mitgab, für mich damals wie jeder Geldschein der Inbegriff von großem Geld. Ich holte ihn aus der Tasche. »Den geb ich jetzt dem Bettler dort«, sagte ich zu Steiner. Er glaubte mir das nicht. »Unmöglich! Zehn Schilling. Das kannst du dir doch nicht leisten!«

»Mir ganz gleich, ich geb sie ihm.« Er bezweifelte das.

Nach wenigen Schritten würden wir den Bettler erreicht haben. »Wetten wir?« fragte ich Steiner. Er konnte es noch immer nicht glauben und willigte sofort ein. Wir wetteten um zehn Schilling. Unmittelbar darauf gab ich vor seinen Augen dem Bettler meine Zehnschillingnote, die der verblüfft entgegennahm, wonach er nur ganz schnell »Vergelts Gott, Dankeschön!« sagte und sich schleunigst entfernte. Vielleicht hatte er Angst, ich könne es mir noch anders überlegen und Wechselgeld verlangen.

Steiner schüttelte den Kopf, ließ sich aber nicht lumpen und beglich seine Wettschuld auf der Stelle, ohne mit der Wimper zu zucken. Auf der letzten Strecke unseres Heimweges, als wir mit der Straßenbahn fuhren, hörte ich Steiner zu einem anderen Jungen aus unserer Klasse sagen: »Ich versteh wirklich nicht, wie der Fried einem Bettler zehn Schilling geben kann. Soviel Geld haben die doch auch nicht.«

Februar 1934

Es herrscht vollkommene Ruhe. Die Regierung ist überall Herrin der Lage.« Gleich darauf durchs offene Fenster deutlich hörbar ein rasend schnelles Ticken oder Pochen, wie das Aufklopfen eines verrückt gewordenen Bleistifts auf eine Tischplatte. Das war, unverkennbar, ein Maschinengewehr. Modernere Modelle sind schneller. Man hört nicht mehr die einzelnen Schüsse eines Feuerstoßes. Aber das war vor fünfzig Jahren.

Ich, zwölf Jahre alt, aber seit Tagen, seit ich das kleine gelbe Flugblatt der Sozialdemokraten gelesen habe, dessen letzte Worte ich nie mehr vergessen konnte: »Wenn Eid und Verfassung gebrochen werden und die Freiheit in Gefahr gerät, dann wird die Arbeiterschaft zu den Waffen greifen« und seit ich im Radio und in der Zeitung die drohenden und provozierenden Worte der verschiedenen schwarzen und weißgrünen Machthaber gelesen habe, auf das Ärgste gefaßt, weiß ganz genau, daß das ein Maschinengewehr sein muß, obwohl ich noch nie eines in Wirklichkeit gehört habe. Dennoch frage ich noch meinen Vater und beginne erst zu weinen, als er es mir bestätigt. »Was weinst du?« schreit er mich an, vielleicht, weil er selbst so nervös ist.

Ich höre zu weinen auf. Aber ich denke: »Jetzt werden Menschen umgebracht.« Wie am Blutigen Freitag, 1927, als die Polizei Salve um Salve in die unbewaffneten Arbeiter hineingeschossen hatte. Seit damals wußte ich, auf wen Polizei schießt.

Statt des klopfenden Bleistifts in kurzem Abstand zwei tiefe, grollende Schläge, fast wie ein kurzer Donner. »Schwere Artillerie«, sagt mein Vater, »sie schießen auf die Gemeindehäuser.«

Das Radio geht die ganze Zeit. Dazwischen wieder Maschinengewehr, wieder Artillerie. Dann wieder im Radio die Versicherung, daß vollkommene Ruhe herrsche, daß die Unruhen vorbei sind. Dann wieder Feuer.

Auch in sich selbst sind die Radionachrichten widersprüchlich: »Es muß ganz besonders betont werden, daß

Panzerwagen und Militär im Karl-Marx-Hof, Februar 1934

nur ein verschwindend kleiner Bruchteil der Arbeiterschaft sich den verbrecherischen marxistischen Elementen angeschlossen hat.« Und fünf Minuten später: »Die Tapferkeit unserer braven Exekutive war umso bemerkenswerter, als wir uns überall einer vielfachen Übermacht gegenüber befanden.« Und einige Minuten später, nach neuerlichem Maschinengewehr- und Geschützlärm durchs offene Fenster, wieder im Radio die Nachricht von der vollkommenen Ruhe und von der verschwindend kleinen Minderheit, so daß meine Großmutter, die sonst nie lacht, zu lachen beginnt. Noch ein zweites Mal brachte das Radio meine Großmutter an dem Tag zum Lachen. Als es nämlich einen Regierungsaufruf an die Arbeiterschaft brachte, der mit den Worten begann: »Arbeiter! Eure jüdisch-marxistischen Führer sind geflohen!« – »Aha«, sagte sie, »*das* beginnt jetzt auch schon« und lachte.

Es stimmte gar nicht, daß das, nämlich der antisemitische Unterton der Regierenden, erst jetzt begann. Schon Jahre zuvor hatte ein Heimwehrwahlaufruf in Reimen mit kleinen Karikaturen angefangen. Der Text lautete:

Wer einst ein Bonze werden soll,
Der kommt zur Welt in Tarnopol
Und liest schon in der Wiege drin,
Wie schön man lebt im roten Wien.
Dann geht er her und brüllt und schreit
Von Klassenkampf und schlechter Zeit.
Bald hat man in der Hand das Heft:
Der Klassenkampf wird ein Geschäft.

Dazu Bildchen von »roten Bonzen« mit enormen Judennasen. Auch die von den Sozis erbauten Arbeiterwohnhäuser waren in den Versen nicht vergessen. Ein Bild des Karl-Marx-Hofes war von den Versen begleitet:

Damit das gute Volk nicht murrt,
Weil ihm der Magen immer knurrt,
Baut man Kasernen wie in Stein
Und sperrt die Wähler dort hinein.

Das waren die gleichen Arbeiterwohnhäuser, die jetzt von unseren schwarzen und weißgrünen Faschisten mit Artillerie zerschossen wurden. Ich konnte Verse seit jeher niemals vergessen. Ich wußte auch noch, wie das Wahlgedicht endete:

Es schafft die Fahne weiß und grün
Ein freies Volk, ein freies Wien!

Nun schufen sie die Freiheit, die *sie* meinten, Freiheit von Recht und Skrupeln, aber nicht durch Wahlen, sondern mit Gewalt. Seit damals habe ich nicht nur zu *wissen*, son-

Artillerie des Bundesheeres

dern auch zu spüren begonnen, was Faschismus und Unterdrückung ist. Und beide zu hassen begonnen. Dieser Haß steigerte sich in den folgenden Tagen und Wochen, wenn ich in der Zeitung oder im Radio die Verleumdungen und Schmähreden gegen die geschlagenen Arbeiter und ihre Führer lesen und hören mußte, und mehr noch bei der Verlautbarung der Hinrichtung eines Koloman Wallisch, eines Georg Weissel, eines Münichreiter und vieler anderer, deren Namen mir entfallen sind. Unser Schulleiter am Wasa-Gymnasium (BG. 9), Dr. Pollak, ein großartiger Pädagoge und alter Sozialdemokrat, wurde abgesetzt, und als der 1. Mai kam, war es nicht mehr der alte 1. Mai, sondern er sollte zum Feiertag der verhaßten neuen ständestaatlichen Verfassung werden. Wir Schüler mußten alle ins Stadion, zu einer Zwangsfeier, zu der wir rotweißrote Papierfähnlein in die Hand gedrückt bekamen. Aber wir rissen die Fahnen von den Holzstangen oder wickelten sie fest um sie und schossen die kleinen Fahnenstangen mit Hilfe von Gummibändern hinunter ins Stadion auf die Soldaten und anderen Mitwirkenden der Festveranstaltung. Ich kann den alten Haß noch heute spüren.

Illegales Material

Wien, 1937. – Ein Jahr, nein, nur noch zehn Monate vor Hitlers Einmarsch. Ein humanistisches Gymnasium, auf den breiten, hallenden Korridoren oder unten im Vestibül, beim kleinen Laden mit den belegten Brötchen, mit denen sich der Schulwart, nach alter Lateinschulart immer noch »der Pedell« genannt, etwas dazuverdient. Ich weiß nicht mehr, ob es im Vestibül oder einige Stufen höher, auf dem Korridor war, aber ich weiß noch, es war ein warmer Tag, kurz vor Anfang der Sommerferien. Ich hatte kalten Miag-Kakao getrunken, genüßlich, durch einen Strohhalm, und stand ein wenig müde und träg da.

Plötzlich sah ich den fremden Jungen. Groß, blond, kurzgeschnittenes Haar, das borstig hochstand. Eckige Bewegungen. Und, aha, er stand neben Bertel.

Bertel war in unserer Klasse der führende Mann der illegalen Hitlerjugend. Der fremde Junge, der da mit ihm sprach, war also sicher auch ein Nazi. Was ging das mich an? Anzeigen würde ich es sowieso nicht. Jeder von uns wußte, was seine Mitschüler waren. Wir diskutierten miteinander, stritten, beschimpften uns auch, aber keiner zeigte einen anderen an. Man war auch schon sechs Jahre in einer Schulklasse beisammen. Am Anfang dieser Zeit war Österreich noch eine Demokratie gewesen. Jetzt, da sowohl die Nazis wie die Linken verboten waren, kämpften wir unsere Meinungsverschiedenheiten unter uns aus, hatten aber keine Lust, einander zu verraten. Nicht an diese Regierung, die den zwangsweisen Gottesdienst eingeführt hatte, für die christlichen Schüler am Sonntag, für die Juden am Samstag, und die alle Rechte der Schüler, Mitspracherecht, Klassensprecher, auch gemeinsame Schulklassen für Jungen und Mädchen, abgeschafft hatte.

Da die Naziflugblätter und ihre Anklebezettel ebenso wie die der Sozialdemokraten und Kommunisten verboten waren, wurden sie alle begehrte Sammelobjekte. Auch die von uns, die selbst heimlich das Propagandamaterial verbreiteten, versagten sich nicht den Luxus einer möglichst vollständigen Sammlung. Nazis, Sozialdemokraten und Jungkommunisten gingen sogar so weit, miteinander zu tauschen, wenn es ihnen nicht gelungen war, selbst irgendwo ein gegnerisches Blatt oder einen Aufkleber zu finden oder von einer Wand loszumachen.

Wenn Schulkollegen, die entgegengesetzten Parteien angehörten, einander beim Kleben begegneten, warnten sie einander auch vor nahenden Polizeistreifen. Da kam es gelegentlich zu eigenartigen kurzen Gesprächen:

»Du, verschwind hier lieber!«

»Was? Verschwind du selber, sonst gehts dir schlecht!«

»Ganz wie du willst. Aber die Schmier (= Polizei) kommt die Straße herauf.«

»Ach so? – Na, dankeschön!«

Ich stellte ohne Staunen fest, daß der fremde Junge meinem Mitschüler Bertel einen ganzen Stoß gelblichgraues Papier übergeben hatte. Irgendetwas stand darauf, in blauvioletter Kopiertinte. Im Vorbeigehen las ich die letzte Strophe eines kurzen Gedichtes:

»Dem Verdienste seine Kronen,
Untergang der Schlangenbrut!
Nicht auf einer Stufe wohnen
Soll der Deutsche
und der Jud!«

Also nicht nur Nazipropaganda, sondern auch noch antisemitisch. Als ich zu überlegen anfing, was tun, hatte ich dem verdutzten Bertel schon mit einer raschen Bewegung nach links den ganzen Papierstoß entrissen, war auf meinen Ausgangspunkt zurückgesprungen und hielt den Papierstoß, vielleicht dreihundert Blatt, fest umklammert.

Bertel hatte sich von seiner Überraschung erholt: »Gib das sofort zurück, sonst hau ich dich zusammen!« Bertel war der Stärkste in der Klasse.

»Das kannst du leicht«, sagte ich, »aber dabei entsteht ein lauter Krach, und dadurch fliegt alles auf!«

Bertel kratzte sich besorgt den Kopf: »Und was tust du sonst damit?«

»Ein Blatt für meine Sammlung und ein Blatt für deine. Den Rest verbrenn ich. Schluß, aus. Dein Blatt kannst du schon jetzt haben.« Er nahm es, sagte aus Gewohnheit

»Danke« und ärgerte sich schon im nächsten Augenblick über seine Danksagung.

»Verläßlich?« fragte er noch, wurde aber von einer Frage des fremden Jungen unterbrochen, der mit einer Kopfbewegung auf mich deutete: »Das ist doch ein Jud?«

Es war mehr ein leiser Ausruf als eine Frage.

»Ja«, sagte Bertel.

»Und du glaubst, was ein Jud dir verspricht!?«

»Der ja. Ich kenn ihn schon seit sechs Jahren!«

Der Fremde machte ein angeekeltes Gesicht. Wegen Bertels sechsjähriger Bekanntschaft mit mir oder wegen der Leichtgläubigkeit eines HJ-Führers.

»Da schau!« Er nahm Bertel das Blatt mit den Versen aus der Hand und hielt es ihm unter die Nase. Dabei las er ihm einen anderen Reim vor:

»Wie dem Fuchs auf grüner Heid,
So trau dem Juden bei seinem Eid!«

»Verstehst du?« fragte er mahnend und gab es ihm zurück.

Bertel antwortete mit erhobener Stimme: »Geh, hörst du? Mir wirst du nicht erzählen, wem ich trau' oder nicht, wenn ich einen seit sechs Jahren kenn'!«

Ich fühlte mich als Zeuge dieser Szene nicht recht wohl: »Wenn ihr so laut hier streitet«, sagte ich zu Bertel, aber so, daß auch der andere es hören konnte, »dann fliegt es ohnehin auf. Weißt du was, ich bleib mit dem Zeug hier stehen, und ihr geht beiseite und macht es euch untereinander aus. Ich warte. Die Pause hat ja eben erst angefangen. Du kannst mich nachher immer noch zusammenhauen, wenn du willst.«

Die beiden entfernten sich. Endlich hatte ich Zeit, eines der Blätter in Ruhe zu betrachten. Das Hakenkreuz rechts und links oben, der Rest Geschriebenes – nicht einmal mit der Maschine geschrieben! Fast alles Gedichte, aber schlechte:

Nordische Männer voll Kraft und Mut,
Nimmer gerastet, nimmer geruht,
Bis ihr gerettet Geist und Gut
Vor asiatischer Schlangenbrut!

Zu der gehörte also auch ich? Eigentlich fühlte ich mich davon gar nicht betroffen. Noch nie hatte mich jemand asiatische Schlangenbrut genannt. Ein ungereimter Text hingegen machte mich lachen. Halblaut nur, um nicht aufzufallen, aber doch:

Woraus besteht der Jude?
50 % Frechheit
40 % Verschlagenheit
5 % Zucker und
5 % Kassenskonto

Zuerst hatte ich instinktiv nachgerechnet. Ja, es waren zusammen 100 %. Soweit stimmte es. Aber die einzelnen Posten waren natürlich eine Gemeinheit. Daß Juden eine etwas höhere Anzahl von Zuckerkranken hatten, war mir bekannt. Und der letzte Posten, daß die Juden, offenbar als eingefleischte Kaufleute, bei Barzahlung 5 % Nachlaß von ihrer eigenen Substanz geben sollten, war eine so ausgefallene Idee, daß ich trotz meiner Empörung nicht ernst bleiben konnte.

Da stand Bertel neben mir, mit grimmigem Gesicht. »Behalt dir den Dreck«, sagte er, »so ein Arschloch!«

Er ging rasch weg, ohne abzuwarten, ob ich etwas sagte oder fragte. Das Blatt mit den Versen zerknüllte er und warf es zu Boden, von wo ich es aufhob, damit es nicht in falsche Hände geraten könne. Übrigens kam er nach der Schule, auf unserem gemeinsamen Heimweg, doch darauf zurück. Er hatte seine Ruhe wiedergefunden und bat sich ein anderes Blatt für seine Sammlung aus. Ich gab es ihm bereitwillig.

Ein Jahr danach, als der Besitz einer Menge illegalen Materials der verschiedensten politischen Parteien für mich als Juden zu gefährlich war, schenkte ich ihm, bevor ich Wien verlassen mußte, zum Abschied meine ganze Sammlung.

Der große Tag von Linz

Habt ihr noch immer nicht genug?«, fragte meine Großmutter kopfschüttelnd. »Wie lange sitzt ihr jetzt schon an diesem Radio?« Wir, mein Vater und ich, saßen schon seit Stunden da und horchten, horchten, horchten. Den ganzen Tag lang, eigentlich. Wir hatten genug, mehr als genug, aber wir konnten uns nicht losreißen. Was blieb uns auch noch übrig, als zu hören, was geschah? Wir waren, wenigstens für den Augenblick, zu ganz und gar passiven Empfängern der Geschichte geworden, zu Erleidern. Es war der 12. März 1938. Am Abend zuvor hatte Österreich zu existieren aufgehört. Auch das hatte für uns im Radio begonnen, mit der Stimme, die das Ende angekündigt hatte: »Österreich ist vor eine schwere Entscheidung gestellt worden. Die Reichsregierung hat dem Herrn Bundespräsidenten ein befristetes Ultimatum …« Undsoweiter bis zu den Schlußworten: »Und damit verabschiede ich mich vom österreichischen Volk mit einem deutschen Wort und einem Herzenswunsch: Gott schütze Österreich!«

Darauf folgte die österreichische Bundeshymne, deren letzte Takte diesmal ganz langsam und traurig ausklangen. Der Sprecher der Abschiedsworte, Bundeskanzler Kurt Schuschnigg, der, ebenso wie sein von den Nazis ermordeter Vorgänger, Engelbert Dollfuss, mit seinem klerikalen Dreiviertelfaschismus Hitler selbst den Weg geebnet hatte, vielleicht ohne sich darüber klar zu sein, hatte jetzt in seiner kurzen Rede gesagt: »Ich stelle fest vor der Welt, daß die Gerüchte, daß Arbeiterunruhen ausgebrochen seien, daß Ströme von Blut geflossen seien und daß die Regierung nicht mehr Herr der Lage sei, von A bis Z erfunden sind. Wir weichen der Gewalt.«

Schon diese Worte waren den neuen Machthabern Grund genug, ihn jahrelang einzusperren. Der Redakteur der Sendung büßte die Weisung, die Hymne langsam und schwer wie einen Trauermarsch ausklingen zu lassen, mit einigen Monaten Konzentrationslager. Gleich nach der

Hymne hatte kriegerische Musik begonnen, eine Ankündigung, wer der neue, von Hitler eingesetzte Bundeskanzler sei, der die Heimführung der Ostmark ins Reich zu besorgen hatte. Dann wieder Nazilieder: »Sturm, Sturm, Sturm, Sturm, Sturm, Sturm läuten die Glocken vom Turm...« Weiter hieß es in dem Lied: »Juda erscheint, das Reich zu gewinnen.« Und als Aufruf dagegen: »Deutschland erwache, Deutschland erwache!«, worauf dann als Reimwort sich »Rache« einstellte.

So war es weitergegangen, bei Nacht und bei Tag. Jetzt hörten wir eine Übertragung aus Linz, der Hauptstadt Oberösterreichs, die den feierlichen Einzug des Führers Adolf Hitler erwartete. Die Männer am Mikrophon, zum Teil ortsbekannte Nazigrößen, hatten Ausblick auf einen großen Platz, auf dem Hitlerjugend und BDM-Mädchen versammelt waren, sowie Tausende von Schaulustigen. Sie teilten uns auch mit, daß in den Fenstern der meisten Häuser schon Kerzen bereitstünden, um beim Nahen des Führers angezündet zu werden, daß sich aber die Ankunft des Führers verzögert habe. Es sei kalt und alle könnten es vor Ungeduld kaum noch erwarten.

Die Tatsache, daß einige der Nazigrößen offenbar reichlich getrunken hatten, verlieh der Berichterstattung gelegentlich eine eigentümliche Note. So rief einer: »Es ist kalt. Die nackerten Knie der Hitlerjugend wackeln im Wind.« Daran schloß er die ermunternde Aufforderung an die Hitlerjugend: »So, jetzt singen wir noch das Lied von den morschen Knochen.« Es ging aber keineswegs um die Knochen in den frierenden Beinen der Hitlerjungen, sondern das Lied, das nun erklang, lautete:

»Es zittern die morschen Knochen
der Welt vor dem roten Krieg.
Wir haben den Schrecken gebrochen
und für uns wars ein mächtiger Sieg.
Wir werden weitermarschieren
und wenn alles in Scherben fällt
denn heut gehört uns Deutschland
und morgen die ganze Welt.«

Die letzten zwei Zeilen wurden wiederholt. Der eigentliche Text, verfaßt von einem Hitlerjungen namens Baumann,

Hitler in Linz, 13.03.1938

lautete zwar: »Denn heute hört uns Deutschland«, aber die Nazis hatten sich diese Worte schon zurechtgesungen. Ich hörte sie damals zum ersten Mal und habe sie nie wieder vergessen. Eigentlich zeigte dieser Text die Begabung seines Autors, denn die Formulierung, daß der Sieg der Nazis der Kommunistenangst vieler mächtiger Leute in dieser Welt zu verdanken war, deren morsche Knochen vor Angst gezittert hatten, entsprach durchaus den Tatsachen. Auch das Fallen von Scherben war gar nicht weithergeholt und sollte sich in Zukunft noch mehr bewahrheiten, die Siegeserwartung zuletzt allerdings nicht.

Mittlerweile war es soweit: die betrunkene Stimme am Mikrophon brüllte: »Der Führer ist im Anrollen! Alle Häuser anzünden!« Sie meinte allerdings nicht, daß Linz sich selbst verwüsten solle. Der Mann hatte nur sagen wollen: »Alle Kerzen anzünden«, war aber nicht mehr nüchtern genug. Die kurze Zeit bis zur Ankunft des Führers wurde noch durch Berichte von Augenzeugen ausgefüllt, wie durchdringend und magisch der Blick des Führers sei. Ein nachmals berühmter und als Kriegsverbrecher berüchtigter Nazi stand am Mikrophon: »Ich bin einmal dem Führer vorgestellt worden, aber der Führer hat mich für einen andern gehalten, da hab ich ihm gesagt: »Mein Führer«, hab ich gesagt, »der richtige Doktor Rheintaler aus Linz, der bin i, der bin i! i! i!« Er hatte zuletzt immer lauter gebrüllt, so daß er noch hörbar war, als sie ihn freundlich vom Mikrophon entfernten.

Aber die Herren waren an diesem Märzabend nicht zu betrunken, um noch Schaden stiften zu können. Gerade noch berichteten sie gerührt, wie in allen Fenstern die Kerzen so schön leuchteten, da sagte einer: »Nur dort drüben, beim Pick, is' dunkel.« »Ja«, sagte ein Zweiter, »der Pick, der pickt!«, und dann, in einem Ton, der einen schlecht deutsch sprechenden Juden nachahmen sollte: »Nu, natierlich, man werd doch nicht geben a Leuchte!« Allgemeines Gelächter belohnte diese Darbietung, aber ihr folgte sogleich eine ernste Mahnung, diesen Pick doch bitte nicht zu unterschätzen: »Gestern haben sie noch Waffen aufgeladen aus seinem Haus. Für Wien. ›Heil Moskau‹, sollen sie geschrien haben.«

Mein Vater und ich sahen einander an. Wer immer dieser Mann Pick sein mochte, das sah nicht gut aus für ihn, und die nächste Stimme sagte auch schon: »Na, da werden wir aber hingehen und uns das genauer anschauen!«

Nun hatten wir wirklich genug. Der Einzug des Führers in Linz interessierte uns nicht mehr. Das mit den Waffen war natürlich eine ebenso plumpe Lüge wie die Behauptung, irgendjemand hätte »Heil Moskau« geschrien. Das war das Feindbild der Heilhitlerschreier. Und die Waffen für Wien waren ein Teil des Lügenmärchens von den Arbeiterunruhen und Strömen von Blut, das schon Schuschnigg dementiert hatte. Aber gleichzeitig wußten wir, daß dieser Mann Pick völlig hilflos in der Gewalt dieser betrunkenen Horde war. Jede Lüge war gut genug, um ihn zu vernichten.

Jahre danach sprach ich mit einem katholischen Geistlichen, der diese Rundfunkübertragung aus Linz ebenfalls gehört hatte. Er hatte dann in der Nacht für den Juden Pick gebetet. Weder er noch ich haben je zuvor oder nachher etwas von ihm gehört.

Hitlerjunge Papanek

Bei uns in Wien hatte es genau fünf Jahre später begonnen. Was in Deutschland seit Anfang 1933 geschehen war, das hatten wir aufmerksam verfolgt. Ein Jahr danach hatte es bei uns einen mißglückten Naziputsch gegeben, bei dem der allgemein unbeliebte österreichische Bundeskanzler Dollfuß von den Putschisten erschossen wurde. Und wieder ein Jahr später hatte Hitler mit viel größerem Erfolg Druck auf Österreich auszuüben begonnen, das unter Dollfuß und seinem Rechtsblock aus einer Demokratie zu einem klerikalen mehr als zu drei Vierteln faschistischen Ständestaat geworden war und sich durch diese Entwicklung von demokratischen Staaten Europas, wie Frankreich oder der benachbarten Tschechoslowakei selbst isoliert hatte, was bald zu seinem Unglück werden sollte. Nun, seit 1936, hieß es in Österreich offiziell: »Wir sind der zweite deutsche Staat. Getrennt marschieren, vereint schlagen!« Und die von meinen Schulkameraden, die sogenannte betont-nationale, eine Umschreibung für nationalsozialistische Sympathien hatten, fragten: »Warum dann nicht gleich: Ein Volk, ein Reich, ein Führer?« Das nämlich war die Losung der Nazis.

Wir anderen, die gegen die Nazis waren, von den wenigen monarchistisch oder streng katholisch Gesinnten bis zu den Liberalen, Sozialdemokraten, den wenigen Kommunisten und zu den jüdischen Schülern der verschiedensten politischen Schattierungen, zu denen auch ich gehörte, wußten, daß eines Tages wahrscheinlich auch über Wien die Hakenkreuzfahne wehen werde, und viele dachten, daß man eigentlich rechtzeitig fliehen müsse. Das war aber ein Wissen und Denken, das man im allgemeinen nur im Hinterkopf behielt, ähnlich wie heute die Gedanken an das Kommen eines Atomkrieges. Zu unserem Alltag aber gehörte das Zusammenleben von Schülern, die in der illegalen Hitlerjugend waren, mit jüdischen und antifaschistischen Mitschülern. Hitlerjugend und linke Organisationen waren gleichermaßen verboten. Erlaubt war nur die staatliche »Vaterländische Front«, deren rot-weiß-rotes Abzeichen mit Eichenlaub und den Worten »Seid einig!« wir alle tragen mußten, die wir aber verspotteten und der fast niemand als wirkliches Mitglied angehörte. Jeder in unserer Schulklasse kannte die politische Zugehörigkeit jedes anderen. Auf dem Schulweg und in der großen Pause wurde viel diskutiert, gestritten, manchmal auch geschlagen; aber daß einer einen politischen Gegner verraten hätte, kam nicht vor. Auch durch Einsagen und Zuschieben von Zetteln half man sich gegenseitig ohne Unterschied der Konfession oder Partei.

Mein Nachbar auf der Schulbank war seit Jahren Herbert Papanek, ein lebenslustiger, aufgeweckter, fast immer freundlicher Junge, Mitglied der illegalen Hitlerjugend, was mich aber nicht allzu sehr störte, sowenig wie ihn die Tatsache, daß ich nicht nur Jude, sondern auch »einer von den Linken« war. Papanek war ein Mathematikgenie und machte meine Mathematik-Schularbeiten für mich, während ich in diesen kostbaren Minuten heftig werbende Liebesgedichte schrieb, die er für seine Freundin brauchte, eine Jüdin. Aber damals, ehe Hitler nach Österreich kam und auch bei uns die Nürnberger Rassengesetze eingeführt wurden, die Liebesbeziehungen zwischen Juden und sogenannten Ariern verboten, trösteten sich unsere Nazi-Mitschüler, wenn ihre Neigungen mit der Rassentheorie in Konflikt kamen, noch mit dem alten österreichisch-schlampigen Antisemitenspruch: »Jüdinnen sind keine Juden.« Papaneks Liebesglück aber sollte auch nach Hitlers Einmarsch in Österreich von rassistischen Verboten nicht gestört werden.

An einem jener Märztage nach dem Einmarsch nämlich, als das für die Jahreszeit ungewöhnlich gute Wetter meiner trüben Laune zu spotten schien, eröffnete mir mein Banknachbar Papanek eines Morgens aufgeregt, daß seine Eltern ihm soeben mitgeteilt hatten, sie seien zwar alle beide als Kinder gut katholisch getauft, der Rasse nach aber seien sie beide rein jüdischer Herkunft. »Das heißt«, sagte Papanek, der mit seinen 19 Jahren älter als die meisten in der Klasse aussah, »daß ich Ruth wirklich heiraten kann!« Ruth war die Empfängerin der Liebesgedichte, die mir das Überstehen meiner Mathematik-Schularbeiten so erleichtert hatten.

Jedoch war diese Heiratsmöglichkeit nicht die einzige Veränderung, die sich für den langjährigen illegalen Hitlerjungen aus seinem neuen Wissen ergab. Er hatte seinem HJ-Führer, der ebenfalls unserer Schulklasse angehörte, pflichtgemäß über das, was er erfahren hatte, Bericht erstattet, und Bertel, der HJ-Führer unseres ganzen Gymnasiums, fragte mich noch am selben Tag auf unserem gemeinsamen Schulweg, den wir seit Jahren mit Streiten und mit Gesprächen über Gott und die Welt verbrachten: »Sag, was machen wir denn mit dem Papanek?«

»Ganz einfach!« antwortete ich: »Bringt ihn um! Das paßt gut zu euch, und damit seid ihr das Problem los.«

Bertel war verständlicherweise ungehalten: »Blöde Witze kann ich auch allein machen«, murrte er. »Sag doch lieber was, was wirklich hilft.«

Ich sah ihn an und merkte, daß er ehrlich besorgt war. Der Fall ging ihm offenbar zu Herzen.

»Also im Ernst«, sagte ich: »Er wird natürlich emigrieren müssen, so wie ich und alle, die jetzt durch euch ihre Rechte und ihre Zukunftsaussichten verlieren. Vielleicht wird er jetzt auch seine Ruth heiraten. Aber Geld haben seine Leute überhaupt keins. Vielleicht könnt ihr in der Hitlerjugend für ihn sammeln? Er war doch einer von euch.«

Den anklagenden Unterton in meinen Worten überhörte Bertel: »Ja, das ist eine gute Idee. Das werden wir tun.«

Tatsächlich organisierte Bertel die Sammelaktion für den alten Mitkämpfer so erfolgreich, daß in den nächsten Wochen viel mehr Geld zusammenkam, als Papanek nach den strengen Devisenvorschriften der Nazis als Jude ins Ausland mitnehmen durfte. Bertel half ihm dabei, jüdische Mitschüler um Rat zu fragen und auszuklügeln, welche nicht allzu auffälligen, dennoch aber wertvollen und im Ausland leicht verkäuflichen Gegenstände – wie zum Beispiel alte, halbwegs seltene Briefmarken – Papanek für das gesammelte Geld kaufen könne, um die Devisengesetzgebung des Dritten Reiches erfolgreich zu umgehen.

An jenem Tag aber, an dem wir zuerst von der Geldsammlung gesprochen hatten, war das Gespräch zwischen Bertel und mir noch nicht zu Ende. Er wollte nämlich wissen, ob man nicht sonst noch etwas für Papanek tun könne.

»Schließlich war er doch die ganze schwere Zeit über, wo wir verboten waren, einer von uns«, meinte er. »Da sollten wir ihm doch wenigstens eine Abschiedsfeier veranstalten, nicht wahr?«

»Ja, warum nicht«, pflichtete ich harmlos bei. »Ihr habt doch euer HJ-Lokal. Ich stelle mir das sehr schön vor, vielleicht mit Papierketten, immer abwechselnd ein Hakenkreuz und ein Davidstern, das wäre doch sehr originell?«

Bertel war nicht einmal wütend auf mich: »Das ist doch die Scheiße!« rief er: »Ins HJ-Lokal darf er doch gar nicht mehr hinein. Er ist doch ein Jud!«

»Siehst du?« konnte ich mich nicht enthalten, zu fragen.

»Ja, aber was tun?«

Die Sache ging Bertel wirklich nahe. Kein Argument, das ich im Lauf der letzten drei Jahre auf unserem Schulweg gegen die Rassentheorie vorgebracht hatte, schien je solchen Eindruck auf ihn gemacht zu haben wie jetzt der Fall Papanek.

»In der Türkenstraße, schon unten bei der Roßauerkaserne hab ich gesehen«, sagte ich, »daß das kleine Gasthaus dort noch keine Tafel hat, JÜDISCHE GÄSTE UNERWÜNSCHT! Vielleicht könnt ihr die Abschiedsfeier dort machen?«

»Das ist eine Potzentippelidee«, rief Bertel erfreut. »Ich geh gleich hin und frag.«

Dort fand dann die Abschiedsfeier wirklich statt. Herbert Papanek und seine Ruth wanderten etwa zwei Monate später nach Bolivien aus und heirateten zuvor. Die Vertriebenen heirateten damals häufig sehr jung, vielleicht um das Leben in der Fremde nicht allein erdulden zu müssen. Den Grundsatz, man müsse sich zuerst eine Existenz aufbauen, hatte die allgemeine Existenzvernichtung durch Hitler für die Vertriebenen ohnehin außer Kraft gesetzt.

Bertel hat den Krieg überlebt und fragte mich, als wir uns viele Jahre später in Wien wiedertrafen, wieso ich denn so tolerant sei, jetzt nicht alle Deutschen zu hassen, die doch damals unser Österreich mit ins Unglück hineingerissen hätten. Worauf wir wieder einmal über die Unklugheit nationaler und rassistischer Verallgemeinerungen Streit hatten, fast wie in alter Zeit.

Die Verteidigung Willi Byks

Die klerikal-faschistische Regierung Österreichs, die Hitler den Weg zur Besetzung des Landes geebnet hatte, war auch an der Schulordnung meines Wiener Gymnasiums nicht spurlos vorübergegangen. So war unter anderem auch die Einrichtung des von den Mitschülern gewählten Klassensprechers zugleich mit der Verwandlung der Republik in einen Ständestaat abgeschafft worden.

Ich war der letzte Sprecher gewesen und hatte als solcher auch die Aufgabe gehabt, die Interessen meiner Mitschüler gegenüber den Lehrern wahrzunehmen, zum Beispiel gegen ungerechte schlechte Noten zu protestieren. Obwohl diese Funktion eigentlich mit Abschaffung der Klassensprecher erloschen war, hatte sie sich in Wirklichkeit doch inoffiziell erhalten. Die wenigsten Lehrer waren für den österreichischen Ständestaat.

Die einen lehnten ihn ab, weil sie Sozialdemokraten waren oder doch Demokraten, die anderen, weil sie mit den Nationalsozialisten sympathisierten. Sie boykottierten nach Kräften viele der neuen Bestimmungen, und ich war immer noch gewohnt, gelegentlich, wenn es wichtig schien, im Namen von Mitschülern zu protestieren oder sonst zu sprechen.

Mittlerweile allerdings herrschte seit einigen Wochen Adolf Hitler in Österreich. Der Dreiviertelfaschismus war von seinem stärkeren Stiefbruder überrollt worden. Zu der unerwartet großen Zahl unserer Lehrer, die sich als heimliche Nazis entpuppt hatten, gehörte zu meinem Bedauern auch unser Griechischlehrer, Professor* H., ein sehr guter Altphilologe, den ich immer gern gemocht hatte und der – dessen war ich sicher – auch mich mochte.

Es war mitten in der Griechischstunde. In der Klasse herrschte jene Totenstille, die sich immer einstellte, wenn ein Schüler aufgerufen war und nichts wußte. Nach den letzten Worten des Schülers oder der letzten Frage des

* (In Österreich hatten Studienräte am Gymnasium den Titel Professor.)

Lehrers, und vor dessen abschließendem Ausspruch: »Setzen! Nicht genügend!« hätte man fast immer eine Stecknadel fallen hören können, wenn nicht gerade irgendwer absichtlich noch ein kleines Geräusch machte, um von dem verzweifelten Unterfangen eines wagemutigen Helfers abzulenken, der dem Geprüften noch die rettende Antwort zuzuflüstern versuchte.

Diesmal war mein Freund Willi Byk aufgerufen und konnte nichts, überhaupt nichts. Die Lage war hoffnungslos. Kein Flüstern hätte da helfen können. Außerdem war Professor H. viel zu aufmerksam für solche Versuche.

Mitten in diese Stille hinein platzte etwas, was mich vollständig überraschte. Professor H. machte über Willi Byk eine unflätige antisemitische Bemerkung. Das hätte ich meinem geliebten Griechischlehrer nicht zugetraut, auch wenn ich nun, seit er sein Parteiabzeichen trug, von seiner nationalsozialistischen Gesinnung wußte.

Ich kann mich beim besten Willen nicht mehr erinnern, was er sagte. Ich weiß nur noch, daß es so arg und unvermittelt war, daß auch die Nazimitschüler ihm nicht zustimmten oder Beifall spendeten. Eine solche Bemerkung, besonders angesichts der Hilflosigkeit eines geprüften Mitschülers, mochte auch ihnen gegen den Strich gehen.

Ich jedenfalls empfand es schändlich, vielleicht ganz besonders, weil ich von Professor H. eine bessere Meinung gehabt hatte. Dies und vielleicht auch meine alte Gewohnheit, als Klassensprecher zu fungieren, mochte der Grund sein, daß ich mit der Hand auf die Schulbank schlug und mit den Worten herausplatzte: »Das ist eine Schande!« Sofort danach bestand ich fast nur noch aus Angst.

Die Stille schien noch tiefer geworden zu sein. Dann hörte man ein leises Kratzen von Professor H.s Stuhl, als der schwere, dicke Mann sich ganz langsam zu mir herumdrehte. Er nahm seine Brille ab, putzte die Gläser und setzte sie wieder auf. Dann sagte er langsam in seiner tiefen, immer ein wenig singenden Stimme:

»Weil *Sie* das gewesen sind, Fried, habe ich nichts gehört. Aber das war das *letzte* Mal.« – Dann, zu Willi Byk gewendet, fast tonlos, die unvermeidlichen Worte, die wir statt der antisemitischen Bemerkung erwartet hatten: »Setzen. Nicht genügend.«

Erich Fried im Alter von 17 Jahren in Wien – kurz vor der Ermordung seines Vaters und der anschließenden Flucht nach London

Byk saß schon längst wieder, aber die Stille war immer noch da. Ich war über und über rot geworden. Professor H.s Worte waren ein Beweis, daß er wirklich etwas für mich übrig hatte oder gehabt hatte. Zugleich aber auch eine letzte Warnung. Jetzt mußte ich eigentlich aufstehen und laut sagen: »Aber es war wirklich eine Schande!« Zumindest aber mußte ich jetzt aufstehen und wortlos die Klasse verlassen, was natürlich verboten war. Das wußte ich. Das wollte ich. Aber ich tat weder das eine noch das andere. Meine Angst war zu groß. Die Folgen wären nicht abzusehen gewesen.

Ich blieb also sitzen, stumm, ohne mich zu bewegen, immer noch rot im Gesicht. Das spürte ich. Ich fühlte mich gedemütigt. Ich nannte mich einen elenden Feigling. Erst als die Griechischstunde zu Ende war und Bertel, der Hitlerjugendführer in unserer Klasse, mir auf die Schulter schlug und sagte: »Also, eins muß man dir lassen, du traust dich was!«, fühlte ich mich wieder besser. Ich hätte Bertel für diese Worte um den Hals fallen können.

Ritterlichkeit

Leopold B., genannt Poldi, war kein besonders guter Schüler, aber ein guter Sportler und ein verläßlicher Kamerad. Er war vor einigen Jahren nicht versetzt worden und war dadurch in unsere Klasse gekommen, obwohl er ein Jahr älter war. In den Jahren von 1934 bis zum Einmarsch Hitlers im März 1938 war die Hitlerjugend, der er angehörte, verboten, und ich erinnere mich noch der langen, keineswegs feindseligen Gespräche mit ihm, in denen ich mich vergeblich bemühte, ihn von den Naziideen abzubringen.

Poldi sprach oft und gern von Ritterlichkeit. Für ihn war das ein Teil seiner künftigen Standesehre, denn er wollte Offizier werden, Berufssoldat wie sein Vater, der es freilich zu keinem hohen Rang gebracht hatte und mit Frau und Kindern bescheiden in der Roßauerkaserne wohnte. Ritterlichkeit, Verteidigung derer, die sich nicht wehren konnten, Schutz der Schwächeren waren für Poldi wichtige Begriffe, nach denen er sich auch tatsächlich im Schulalltag richtete, seit ich ihn kannte. Das machte ihn, wie gesagt, zu einem beliebten Kameraden, auf den man sich verlassen konnte, und daran hatte ich auch angeknüpft, wenn ich zu erklären versuchte, daß weder die Wirklichkeit des Soldatenberufes noch die des Nationalsozialismus im wesentlichen aus Schutz für Schwächere und aus Ritterlichkeit bestehe. Aber solange die Nazis in Österreich, ebenso wie alle politischen Richtungen außer der alleinherrschenden Regierungsorganisation, der »Vaterländischen Front«, verboten waren, war es immerhin verständlich, daß sich der »illegale« Hitlerjunge Poldi als eine Art Freiheitskämpfer und Vertreter der Sache der Unterdrückten gefühlt hatte.

Nun aber war Hitlers Armee in Österreich einmarschiert, Poldi trug stolz vor aller Welt die äußeren Zeichen seiner Zugehörigkeit zur Hitlerjugend, in der er zu irgendeinem nicht allzu hohen Führungsrang aufgerückt war, ich weiß nicht mehr, zu welchem. In dieser Eigenschaft erhielt er an einem schönen Frühlingstag des Jahres 1938 den Auftrag, mit einer Gruppe von Hitlerjungen eine Schulklasse des jüdischen Chajes-Gymnasiums zu überfallen und zu verprügeln. Zwei der Jungen aus dieser Klasse waren noch am selben Abend bei mir zu Besuch gewesen und hatten von der abscheulichen Erfahrung berichtet.

Das Ärgste war anscheinend, daß sie natürlich gar nicht versuchen durften, sich wirklich energisch zu wehren. Daß Nazis Juden prügelten, war gut und in Ordnung, das Gegenteil wäre sofort ein Staatsverbrechen gewesen. Derlei ist weiter nicht verwunderlich, nicht einmal in sogenannten Demokratien, wie mir in den späten sechziger Jahren in Frankfurt am Main Generalstaatsanwalt Fritz Bauer, ein guter Demokrat, kurz vor seinem Tod noch erklärt hat: »Wenn bei uns ein Polizist einen Demonstranten totschlägt, so war es Notwehr. Wenn ihm ein Demonstrant den Knüppel entreißt und sich wehren will, so hat er wahrscheinlich sofort eine Klage wegen versuchten Mordes auf dem Hals.« Um wieviel mehr die Unumkehrbarkeit des Prügelns unter Hitler galt, das muß man gar nicht erst sagen.

Nun, tags drauf traf ich Poldi in unserem Gymnasium, das damals noch jüdische und sogenannte arische Schüler gemeinsam beherbergte, in der Zehn-Uhr-Pause auf dem Korridor. »Na, Poldi, wie war es gestern Nachmittag mit der Ritterlichkeit?« wollte ich wissen.

Poldi wurde blaß. »Komm mit.« Er führte mich in einen stilleren Winkel. Dort sagte er: »Du, ob du es mir glaubst oder nicht: Das war gestern das Ärgste, was mir je im Leben passiert ist.«

»Warum hast du dich dann nicht geweigert? Für die vom Chajes-Gymnasium war es sicher noch ärger als für dich.«

»Weißt du«, sagte Poldi, »ich hab mir gedacht, wenn nicht ich es mach, dann machts einer, der wirklich mit Leib und Seele dafür ist, und dann wird es noch viel ärger. Und ich kann, wenn ich so einen Befehl verweigere, nicht nur über meine Hitlerjugendlaufbahn ein Kreuz machen, sondern auch mit meinen Aussichten auf den Berufsoffizier ist es dann Essig! Verstehst du das nicht?«

Er sah mich fast flehend an. Irgendwie tat er mir auch wirklich leid. »Poldi«, sagte ich, »ich hab zufällig gestern

noch zwei von den Verprügelten gesprochen. Die Prügel waren wirklich nicht besonders arg. Daß sie sich nicht wehren durften, war viel ärger für sie. Daß ein anderer Hitlerjugendführer mehr Unheil ausgerichtet hätte als du, das glaub ich dir auch. Nur, Poldi, das ist doch erst der Anfang, verstehst du das nicht? Welche Befehle wirst du noch ausführen müssen, bloß wegen deiner Offizierslaufbahn?«

Poldi ließ den Kopf hängen. Kurz darauf, am 6. Mai 1938, verließ ich die Schule. Ich habe ihn nie wiedergesehen. Er ist im Krieg gefallen.

Mein Heldenzeitalter

Das Wort Held war mir schon in der Oberschule – oder, wie wir es in Wien nannten, im Obergymnasium – mehr als verdächtig. Es klang nach falschem Kriegspathos, und es roch nach Blut und Verwesung. Das Wort Heldenzeitalter aber, das ebenfalls zum Wortschatz unserer Lehrer gehörte, war für mich noch gar nicht verunreinigt, ja ich fragte mich sogar, ob nicht auch jeder Mensch, der sich voll entfalten will, sein eigenes Heldenzeitalter haben müsse. Dabei ging mir auch etwas von Winnetou und Old Shatterhand im Kopf herum, und bei »jeder Mensch, der sich voll entfalten will«, dachte ich natürlich auch an mich. Bertolt Brecht hat zwar gesagt: »Wenn ich höre, daß ein Schiff Helden als Matrosen benötigt, frage ich, ob es morsch und alt ist«, aber ich kannte diese Worte noch nicht, auch wenn ich später verstand, warum er sich nach Zeiten und Gemeinwesen sehnte, die keine Helden brauchen.

Mein eigenes Heldenzeitalter, wenn man es so nennen will, fing 1938 an, am 24. April, und endete am 5. August, als ich die deutsche Reichsgrenze hinter mir ließ. Man kann es aber nur so nennen, wenn man eine Zeit darunter versteht, in der einem das Heldentum geradezu aufgezwungen wird. Außerdem kann man eine so kurze Zeit eigentlich nicht ein Zeitalter nennen, und da ich gerade erst in dieser Zeit siebzehn Jahre alt wurde, wäre es vielleicht eher angebracht, es Heldenzeitjugend zu nennen, ein vielleicht noch unerträglicheres Wort, das aber wenigstens unzweifelhaft komisch ist.

Am 24. April 1938 hatten meine Eltern mit vielen Bekannten ein großes Treffen im Café Thury unten in unserem Wohnhaus, bei dem die finanzielle Ermöglichung der Ausreise mehrerer enger Freunde und Bekannten diskutiert wurde. Ich hatte meine Mutter durch einige skeptische Äußerungen über die Gefahr eines so großen Treffens in einem Kaffeehaus, nun da doch seit sechs Wochen die Nazis in Österreich an der Macht waren, geärgert. Von Gefahr könne gar keine Rede sein, sagte sie, ich solle doch

Wien. Blick von der Markthalle in der Alserbachstraße zum Liechtenstein-park. Links das Wohnhaus Erich Frieds (Nummer 11) mit dem Café Thury im Erdgeschoß. Aufnahme aus dem Jahr 1939

selbst mit hinunter kommen und alles mit anhören. »Nein danke«, hatte ich gesagt, »jemand muß übrig bleiben, wenn ihr alle eingesperrt werdet.« Ich hatte auch noch ein paar hundert Mark von meiner Mutter verlangt, um im Fall ihrer aller Verhaftung für die ersten Tage Geld zu haben und mich um einen Rechtsanwalt, sowie meiner Großmutter und meine Verpflegung zu kümmern. Widerwillig hatte sie mir die Geldscheine gegeben und gesagt: »Wenn wir wirklich verhaftet werden, dann finden sie das Geld doch auch bei dir!«

Dann war sie gegangen. Nun mußten sie und mein Vater eigentlich schon seit mehr als einer Stunde zurück sein, und ich begann unruhig zu werden, obwohl ich meiner Großmutter und mir klarmachte, man sei in diesen Zeiten einfach auch grundlos nervös. Dabei erwartete ich immer noch das harte Klopfen an unserer Wohnungstür.

Es kam anders; nur das vertraute leise Geräusch des Schlüssels im Schloß, die Tür ging auf, und mein Vater war da. Ich hatte mich schon lange nicht mehr so gefreut, ihn zu sehen. Aber meine Freude dauerte nur eine Sekunde lang oder vielleicht noch kürzer, denn hinter ihm trat noch ein

Mann herein, in Zivil zwar, aber sogar für mich auf den ersten Blick als Polizist zu erkennen. Er sah meine Großmutter und mich an und sagte: »Hausdurchsuchung.«

Mein Vater und wir mußten von einem Raum in den anderen mitkommen und immer in dem Zimmer sein, in dem die Durchsuchung gerade stattfand. Der Kriminalbeamte nahm Hunderte unserer zahllosen Bücher gewissenhaft aus den offenen oder glasgedeckten Bücherschränken, hielt sie mit dem Rücken nach oben, öffnete sie weit, ließ die einzelnen Blätter durch die Finger gleiten, um zu sehen, ob Papiergeld oder etwas anderes polizeilich Interessantes verborgen sei und ließ schließlich das ganze Buch, immer noch offen, Rücken nach oben, zu Boden fallen, auf den Teppich, auf die Fußbodenbretter oder auf das zuletzt gefallene Buch.

Mein Vater, ein Büchernarr alten Stils, war zuerst jedes Mal, wenn ein Buch fiel, zusammengezuckt, ließ sich aber nach einiger Zeit nichts mehr anmerken. Der Kriminalbeamte hingegen begann die Geduld zu verlieren. »Wozu ham denn Sie soviel Bücher?« fragte er meinen Vater unwirsch. »Wenn meine Frau soviel Bücher ins Haus bringen tät, dann hätt ich sie schon längst mitsamt die Bücher zum Fenster hinuntergeschmissen.« Mein Vater sah ihn an, nickte dann zustimmend mit dem Kopf und meinte: »Das kann ich mir gut vorstellen.«

Nun war die Reihe an dem Kriminalbeamten, nachdenklich zu werden. Bedeuteten die Worte seines Häftlings unter dem Deckmantel der Zustimmung etwas Beleidigendes oder doch einfach die Anerkennung seiner männlichen Entschlußkraft? Offenbar entschied er sich für die zweite Annahme, denn es hätte wenig gefehlt und man hätte das Schwabbeln seines feisten Gesichtes, als er meinen Vater ansah, für ein Zulächeln halten können. Ich hingegen mußte die Zähne zusammenbeißen, um nicht laut herauszulachen, obwohl mir zum Heulen zumute war. Das war meine erste Heldentat.

Meine Großmutter stand oder saß während der ganzen Hausdurchsuchung in jedem der vielen Zimmer unserer Wohnung da, ohne mit der Wimper zu zucken. Leben kam erst wieder in ihr Gesicht, als die Hausdurchsuchung zu Ende war, übrigens ergebnislos, was aber meinem Vater und meiner Mutter dann wenig half. Auch die Hundertmarkscheine, die ich in der Sicherungsanlage für den Lichtstrom versteckt hatte, waren nicht gefunden worden.

Als sich die Tür hinter dem Kriminalbeamten und hinter meinem Vater geschlossen hatte, den ich noch schnell umarmt und geküßt hatte, zum ersten Mal seit vielen Jahren freiwillig, sagte meine Großmutter: »Krepieren sollen sie alle.« Sie meinte die Polizei und das ganze Hitlerregime. Sie, die man sonst mit dem schmückenden Beiwort bezeichnen konnte »die endlos Schimpfende«, hatte sich mit vier Worten begnügt. Dann hatte sie mir geholfen, die auf dem Boden liegenden Bücher wieder einzuräumen.

In den nächsten Tagen folgten meine Heldentaten einander hageldicht. Aber alle waren sie Mikro- oder Miniheldentaten, ähnlich meinem Nichtlachen beim Witz meines Vaters, dem letzten Witz, den ich von ihm je gehört habe. Es waren Heldentaten, die wahrscheinlich kein Mensch außer mir als Heldentaten erkannt hätte, die aber meinem Selbstbewußtsein dennoch große Hilfe leisteten.

Die nächste Heldentat war, von einem öffentlichen Fernsprecher aus einen Rechtsanwalt in Deutschland anzurufen, Dr. Günther Weiß, einen alten Nazi und Freund von Rudolf Heß, den meine Mutter aber aus Deutschland kannte und der ein jüdisches Architektenehepaar, Bruno und Käthe Kalitzki, Freunde meiner Mutter, gerettet hatte.

Meine Mutter hatte mir viel von ihm erzählt, auch, daß er von den Nazis bitter enttäuscht sei. Mir lag daran, daß er am Telefon verstehen sollte, wer ich war und um was es ging, aber ohne daß ich Angaben machte, die mich beim Abgehörtwerden ohne weiteres identifizieren ließen oder mich belasteten. Wie konnte ich das anfangen? Ich wußte viel von Bruno Kalitzki, und ich wußte, daß der Anwalt wußte, daß meine Mutter Innenarchitektin war. Also sagte ich am Telefon, als er sich meldete, möglichst leichthin: »Guten Tag, ich spreche aus Wien. Ich bin der Sohn von der Innenarchitektin, und es wäre schön, wenn Sie schnell herkommen könnten. Es ist so eine Brunogeschichte.«

Er verstand augenblicklich und hatte auch, was mir unendlich imponierte, bei sich auf dem Schreibtisch einen Flugplan der Lufthansa liegen, so daß er mir sofort sagen konnte, wann er am nächsten Tag ankommen werde. Ich solle ihn abholen. Eine kurze Personenbeschreibung, nicht ohne Selbstironie, gab er auch.

Die nächsten zwei Heldentaten, noch vor seiner Ankunft, waren notwendige Ermittlungen, wer außer meinen Eltern noch verhaftet worden sei. Eine Schlüsselfigur war Frau Markus. Sie wohnte in der Nähe. Auf den Gedanken, von einer etwas entfernten Telefonzelle aus anzurufen, war ich zwar nicht gekommen, dafür aber zog ich mir meine am kindlichsten aussehenden kurzen Hosen an, dazu ein Ruderleibchen, wie wir das damals in Österreich nannten, eine Art T-Shirt. Einen alten Kindermantel, den ich auch anziehen wollte, beschloß ich, trotz des kalten Windes, lieber zu Hause zu lassen. Ich steckte ein Ei in die Tasche und machte mich auf den Weg zu Frau Markus. Vor ihrer Wohnungstür nahm ich das Ei in die Hand, holte tief Atem und klingelte. Ein Kriminalbeamter riß die Tür auf und schnarrte mich an, was ich denn wolle. »Grüß Gott!« sagte ich. »Ich will nur das Ei zurückbringen. Und schönen Dank!«

»Gib her!« Er packte das Ei und warf es zu Boden, so daß es, fast krachend, zerplatzte. »Schau, daß d' weiterkommst«, sagte er zu mir und schlug die Tür zu. Ich wußte, was ich wissen wollte, aber einen Augenblick stand ich da, halb erstarrt vor Entsetzen, nicht wegen des zerbrochenen Eis, sondern weil mir plötzlich eingefallen war, wie leicht das derselbe Kriminalbeamte hätte sein können, der bei uns die Haussuchung durchgeführt hatte. Dann hätte mir der Kniff mit dem Ei wenig geholfen, im Gegenteil.

Die nächste Heldentat, etwa eine Stunde später und diesmal nicht mehr ohne die Angst, dem Kriminalbeamten, der mich kannte, in die Hände zu laufen, aber doch voll Hoffnung, daß der Mann, den ich jetzt besuchen ging, gar nicht verhaftet sei, war ein Besuch im Haus eines Herrn Klein, eines jüngeren, sehr sympathischen Menschen. »Ich werde mich freuen, ihn wiederzusehen. Ich will mich mit ihm beraten«, sagte ich mir.

Ich sah ihn auch wieder. Er sah sympathisch aus, nur etwas blaß, aber ich konnte mich nicht mit ihm beraten, und ich freute mich auch nicht, denn er kam mir schon auf der Treppe seines Hauses entgegen, begleitet von zwei Kriminalbeamten. Er ging an mir vorüber, ohne sich anmerken zu lassen, daß er mich kannte. Ich stieg einfach weiter die Treppe hinauf. Schon nach wenigen Stufen hatte ich das Stockwerk mit seiner Wohnungstür erreicht. Sie stand offen, ein Kriminalbeamter war halb herausgetreten und sah seinen beiden Kollegen und dem Verhafteten nach. Ich stieg die nächste Treppe hinauf, aber das war die letzte. Was sollte ich tun, wenn der Kriminalbeamte an der offenen Tür stehenblieb? Ich durfte doch keinen Verdacht erwecken. Eine der Türen im obersten Stockwerk trug am Türstock eine sogenannte Mesusah, eine kleine Pergamentrolle, innen mit einer hebräischen Inschrift versehen, wie fromme Juden sie nach ihrem uralten Gesetz an ihren Türen anbringen müssen. Ich hatte für solche Bräuche nie etwas übrig gehabt, nun aber war ich erleichtert und dankbar. Ich klingelte an der Tür, bat um kurze Unterkunft und erklärte den Grund meiner Verlegenheit. Etwas befremdet, weil ich ohne Kopfbedeckung herumging, was gegen die religiösen Vorschriften verstieß, ließ man mich ein paar Minuten in der Wohnung warten und verabredete eine Ausflucht, daß ich durch eine Namensverwechslung an eine falsche Adresse geraten sei. Dann ging ich wieder die Treppe hinunter. Die Wohnungstür der Familie Klein war zu. Wieder wußte ich wenigstens einen Teil dessen, was ich wissen wollte.

Die nächste Heldentat war natürlich das Abholen des Fluggasts Dr. Günther Weiß vom Flughafen, denn ich hatte Angst, doch vielleicht die Aufmerksamkeit irgendeines Spähers erweckt zu haben und beim Abholen des Rechtsanwalts verhaftet zu werden. Ich hatte sogar einen bestimmten Mann im Auge, der, als ich wartete, genau im gleichen Schritt wie ich auf und ab ging und mich von Zeit zu Zeit ansah, anscheinend ungeduldig. Wartete er nur noch, um mich gemeinsam mit Dr. Günther Weiß zu verhaften? Es gab nämlich schon irgendeine Anweisung, die es Rechtsanwälten erschweren oder verbieten sollte, in Strafangelegenheiten jüdische Klienten zu verteidigen. Daß der Mann einfach ebenfalls auf jemand wartete, wäre mir an sich möglich erschienen; auf den Gedanken aber, daß er einfach aus reiner Nervosität mein Auf- und Abgehen nachahmen könnte, war ich nicht gekommen. Erst als mein Rechtsanwalt eintraf, sah ich, daß dieser Mann eine eben angekommene Frau umarmte und küßte.

Der deutsche Rechtsanwalt erwies sich als ebenso findig wie humor- und verständnisvoll. Sowohl die Wahl meiner Worte am Telefon wie die Art meines Recherchierens machten ihm sichtlich Spaß. Ich faßte schnell Vertrauen zu ihm und übergab ihm außer einem genauen Bericht über den Fall meiner Eltern, der natürlich mehr enthielt, als die Behörden wußten, auch die Papiere, die ich bisher für die Vorbereitung meiner eigenen Ausreise beisammen hatte. Eine Ausreisebewilligung, besonders wenn man sich auch noch einen Paß beschaffen mußte wie ich, war damals keine einfache Sache. Man brauchte eine Steuerliche Unbedenklichkeitsbescheinigung und etliche andere Dokumente, an die ich mich gar nicht mehr erinnern kann, deren Beschaffung aber ein Anwalt aus dem sogenannten Altreich, dem Deutschland mit den Grenzen des Jahres 1937, erleichtern konnte, besonders wenn er Parteimitglied war.

In den nächsten Tagen hatte ich regelmäßige Besprechungen mit dem Anwalt, der mir über den Erfolg seiner Bemühungen von Tag zu Tag berichtete und außerdem mit einer adeligen Freundin meiner Mutter eine Liebesbeziehung angeknüpft hatte. Er scheine ja für den Namen Grete etwas übrig zu haben, sagte ich. Ich wußte, daß er auch an Grete, der Frau des von ihm geretteten Architekten in Deutschland, ganz entschieden Gefallen gefunden hatte. Er grinste mich an: »Sie sind wirklich gut im Recherchieren.«

In diesen Tagen gab ich mich dem trügerischen Wohlgefühl hin, daß Dr. Weiß die Sache schon schaffen werde, und es schien wenig Gelegenheit zu Heldentaten zu geben. Höchstens eine Postkarte an meine Mutter ins Gefängnis wäre zu erwähnen. Ich berichtete über das Schicksal unserer Hunde: »Czibi ist bei uns geblieben und bellt und knurrt immer noch wie ein Wilder. Foxi ist bei unserer Nachbarin, weil ich mich nicht um beide kümmern kann, und Schnuffi ist bei Tante Hermine. Schnuffi aber war in Wirklichkeit kein Hund, sondern der Spitzname des Freundes meiner Mutter, und Tante Hermine, die Tante meiner Mutter, lebte in Holland. So erfuhr meine Mutter, daß ihr Freund außerhalb Hitlers Machtbereich war.

Leider erwies sich, daß Gelegenheit für Heldentaten immer noch bestand. Das begann damit, daß Dr. Günther

Weiß mir stolz von einer eigenen kleinen Heldentat berichtete. Er habe einem Gestapobeamten, der ihn nicht mit einer Dienststelle in Dresden verbinden wollte, seine Meinung gesagt, denn er habe mit dessen bürokratischem Getue die Geduld verloren und ihn schließlich angeschrien: »Wozu sind Sie überhaupt da, Sie Pferd, Sie?«

Ich war wenig entzückt. »Wenn Sie mit diesen Leuten so sprechen, dann könnte ich Sie am Dienstag vielleicht schon im Kittchen besuchen. Aber ich schicke lieber Grete hin, das ist sicherer und weniger kompromittierend für Sie.« Wir beide lachten. Aber ich fragte ihn doch nach seinen besten Verbindungen, die ihm vielleicht von Nutzen sein könnten, falls etwas... »Keine Sorge! Es wird nichts sein, an mich trauen sie sich nicht ran«, sagte er. Ihm machte meine Angst um ihn sichtlich Spaß. »Meine einzige Verbindung hier in diesem merkwürdigen Ländchen, das ja nun angeblich einfach in unser begnadetes Reich heimgekehrt ist«, sagte er, »ist Dr. Wölfel. Mit dem habe ich am Sonntag im Spielcasino Bruderschaft getrunken, genau gesagt, nach dem Casino.«

Ich war beeindruckt. Wölfel und Dr. Führer, wie der andere sinnigerweise hieß, waren die beiden führenden Nazianwälte Wiens. Daß Dr. Weiß eine Schwäche für Glücksspiele hatte, wußte ich. Ich hatte ihm deshalb sogar ein Roulettesystem verraten, das ich natürlich nur an einem Spielzeugroulette erprobt hatte, auf das ich aber große Stücke hielt. Durch puren Zufall hatte er mit Hilfe dieses Systems, von dem ich heute längst weiß, daß es nicht besser war als die meisten anderen sogenannten Systeme, am vergangenen Wochenende eine große Summe gewonnen und mir davon großzügigerweise 5000 Mark gegeben und außerdem all seine Anwaltskosten für gedeckt erklärt.

Am Dienstagmorgen sollten wir uns sehen, aber er kam nicht. Ein Anruf im Hotel ergab die Antwort: »Herr Dr. Günther Weiß wohnt nicht mehr hier. Heut früh haben ihn zwei Herren abgeholt.« Ich rief Grete an und bat sie, ins Hotel zu gehen und nachzuforschen. Sie war blaß, als sie zurückkam. Er war verhaftet. Sie besuchte ihn dann einige Stunden später wirklich, konnte aber nicht allein mit ihm sprechen.

Für mich war die Sachlage allem Anschein nach ziemlich trostlos. Nicht nur meine Ausreisepapiere, sondern auch meine vertraulichen Aufzeichnungen über den Fall meiner Eltern hatten sich in seiner Aktentasche befunden. Ich konnte entweder warten, bis dieser Bericht gelesen wurde, dann würde man auch mich abholen, oder ich konnte versuchen, ohne Papiere über die grüne Grenze zu gehen. Dabei würde ich, da es mir an durchschnittlicher körperlicher Geschicklichkeit fehlte, wahrscheinlich festgenommen oder erschossen werden. Außerdem hätten dann, ebenso wie im ersten Fall, einige andere bereits Verhaftete oder auch noch nicht Verhaftete das Nachsehen, d.h. auch sie waren durch meinen vertraulichen Bericht, wenn die Gestapo ihn las, noch mehr als zuvor gefährdet.

Blieb die Möglichkeit, zu versuchen, den Bericht ungelesen von der Gestapo zurückzuergattern. Dies zu versuchen, war die nächste und zugleich die erste annähernd wirkliche Heldentat. Ich gab Grete all mein Geld bis auf wenige Mark zur Aufbewahrung, verfügte, wer im Fall meiner Verhaftung zu verständigen sei und wer möglicherweise den Fall übernehmen könnte, sowie welche von den Verwandten sich meiner Großmutter annehmen könnten, alles sehr wenig hoffnungsvolle Anweisungen. Dann legte ich wieder meine Kindersachen zum Anziehen bereit, um womöglich unterwegs nicht durch irgendeine Judenrazzia behelligt zu werden, nahm schnell noch ein Bad, zog frische Unterwäsche an, um im Fall meiner Verhaftung den denkbar besten Eindruck zu machen und mich auch selbstsicherer zu fühlen, steckte zu den verschiedensten Papieren auch noch ein Handtuch und ein Stück Seife in meine Aktentasche und machte mich auf den Weg zu Dr. Wölfel, dem führenden Nazianwalt.

Der Warteraum seiner riesigen Kanzlei war voll von wartenden SS-Männern, die mich erstaunt und, wie mir schien, mißgünstig ansahen. Hätte ich genauer nachgedacht, so hätte mir weniger bang sein müssen, denn vermutlich wartete kein einziger von ihnen dort, der sich nicht selbst in irgendeine schiefe Sache verstrickt hatte und Rechtsbeistand brauchte. Der unfrohe Ausdruck ihrer Gesichter hatte wahrscheinlich nicht das Mindeste mit mir zu tun.

Nach sehr langer Zeit kam ich an die Reihe. Dr. Wölfel, keineswegs ein fanatischer Brüllertyp, war von urbanen Umgangsformen: »Bitte nehmen Sie Platz. Was führt Sie hierher?«

»Dr. Günther Weiß, den Sie unlängst kennengelernt haben, ist in Schwierigkeiten.«

»In was für Schwierigkeiten?«

»Er ist heute früh in seinem Hotel von zwei Herren verhaftet worden.«

Dr. Wölfel sah mich groß an: »Ist es eine bürgerliche Angelegenheit?« fragte er dann augenzwinkernd. Er meinte das in Österreich erst seit einigen Wochen bestehende Delikt Rassenschande.

Ich erlaubte mir ein ganz kleines Lachen: »Nein, die Dame, mit der er befreundet ist, ist eine Baronin, rein arisch.« Ich nannte Gretes vollen Namen.

»Sie scheinen gut informiert zu sein?« fragte Dr. Wölfel amüsiert. »Was glauben Sie, ist los?«

»Dr. Weiß hatte eine Auseinandersetzung mit einem Herrn von der Gestapo«, sagte ich. »Ich glaube, es ging um einen jüdischen Klienten in Dresden. Der Beamte war nicht willens, Dr. Weiß irgendwie behilflich zu sein, und Dr. Weiß ist zuletzt die Geduld gerissen, und er hat ihn angeschrien: ›Wozu sind Sie überhaupt da, Sie Pferd, Sie!‹ Ich glaube, die Sache ist ein Racheakt. Dr. Weiß sagte mir, es soll ja nicht in allen Fällen gerne gesehen sein, jüdische Klienten zu haben. Und das, plus Amtsehrenbeleidigung...« Ich sprach nicht zu Ende und sah Dr. Wölfel genau an. Ich wußte von Dr. Weiß, daß auch Dr. Wölfel gegen entsprechende Honorare jüdische Klienten annahm und daß ihm daher ein Präzedenzfall, in dem ein als Parteimitglied bekannter Anwalt mit guten Verbindungen wegen so einer Sache verhaftet werden konnte, nicht angenehm sein dürfte. Dr. Wölfel pfiff durch die Zähne: »Ich muß erst eruieren, ob das stimmt«, sagte er dann. »Dazu muß ich einige Anrufe machen. Wollen Sie vorher Ihre Informationen noch irgendwie ergänzen?«

»Ja, gerne. Dr. Weiß hat in dem Gespräch mit der Gestapo auch erwähnt, daß er mit Rudolf Heß gut steht.«

»Was, und trotzdem?« rief Dr. Wölfel aus.

»Ja, offenbar. Und noch etwas. In seiner Aktentasche befinden sich auch acht Dokumente zur Vorbereitung meiner Ausreise, sowie ein vertraulicher Bericht von mir über den Fall meiner Eltern, den Dr. Weiß gleichfalls bearbeitet. Da es sich hier *auch* um jüdische Klienten handelt, wäre es vielleicht sowohl im Interesse von Dr. Weiß, als auch in meiner Eltern und nicht zuletzt meinem eigenen Interesse, wenn diese Papiere zurückgeholt werden könnten, bevor sie aufgearbeitet werden.«

Der Anwalt sah mich prüfend an, dann sagte er: »Ich beginne zu verstehen, warum Günther Weiß seine Angelegenheiten so offen mit Ihnen besprochen hat.« Dann fragte er mich noch kurz über den Fall meiner Eltern aus und führte mich nachher in ein winziges Wartezimmer, das keine Fenster hatte, sondern nur künstlich beleuchtet war. »Ich muß jetzt telefonieren«, sagte er. »Es wird einige Zeit dauern.«

Im Wartezimmer lagen Zeitschriften, aber ich hatte beim Lesen keine rechte Ruhe. Die Ähnlichkeit des kleinen fensterlosen Raumes mit einer Zelle war zu groß. Ich wußte zwar, daß Dr. Wölfel seinen Rang als führender Nazianwalt nicht einer fanatischen Parteitätigkeit verdankte, sondern dem Umstand, daß er vor vier Jahren einer der beiden Verteidiger der Dollfuß-Mörder Planetta und Holzweber gewesen war, die nach ihrem Eindringen in das Bundeskanzleramt und der Erschießung des in breiten Kreisen und keineswegs nur bei Nationalsozialisten unbeliebten Bundeskanzlers Engelbert Dollfuß festgenommen und nach einem zweifelhaften Prozeß gehängt worden waren. Aber auch wenn er seine Parteistellung hauptsächlich seiner Anwaltstätigkeit verdankte, so waren es doch sehr fragwürdige Leute, mit denen ich mich da eingelassen hatte, und ein Anzeichen dafür, daß ihm die Nationalsozialisten heute im Grunde ebenso zuwider geworden waren wie seinem neuen Freund Günther Weiß, gab es auch nicht.

Seine Höflichkeit mir gegenüber konnte reine Berufsgepflogenheit sein. Seinen ersten Anruf würde er ja vermutlich doch bei der Gestapo machen, obwohl er von mir auch die deutsche Kanzleinummer und Privatnummer von Dr. Weiß erfragt hatte. Es war gar nicht sicher, wer als Nächster in der Türe zu meiner kleinen Kammer stehen würde, wenn diese wieder aufging. In Gedanken durchschritt ich nochmals den langen Gang von Dr. Wölfels Sprechzimmer zu dieser Kammer. Der Freiraum zum Gehen war sehr schmal gewesen, weil den ganzen Gang entlang, ebenso wie schon zuvor, im Gang vom großen Wartezimmer zum Sprechzimmer, überall antike Bilder und Holzschnitzereien an der einen Wand und manchmal sogar an beiden Wänden lehnten. Ich hatte von Günther Weiß gehört, daß Wölfel von verhafteten jüdischen und anderen Klienten, deren Bankkonten gesperrt waren, auch Kunstwerke an Zahlungsstatt annahm. Eine Mischung von Schatzkammer und Räuberhöhle, sagte ich mir. Jedenfalls eine Höhle von sozusagen zivilisierten, kunstverständigen Räubern. Nun, ich mußte weiter warten.

Die Tür ging auf. Nein, keine Kriminalbeamten, die mich abholen kamen. Dr. Wölfel stand vor mir:

»Ich habe mit Deutschland gesprochen und dann auch hier in Wien Ortsgespräche geführt. Alle Ihre Informationen waren richtig, und Ihre Vermutungen leider auch. Ich werde versuchen, was ich für meinen Freund Dr. Weiß tun kann. Aber es wird nicht ganz einfach sein.«

»Das ist sehr arg«, sagte ich. Ich hatte in den wenigen Tagen Sympathie für Günther Weiß entwickelt. Ich sah Dr. Wölfel an. »Ich wäre Ihnen ungeheuer dankbar, wenn Sie ihm helfen könnten«, sagte ich und setzte hinzu: »soweit Ihnen meine Dankbarkeit etwas bedeuten kann. Er hat sich unglaublich anständig zu mir benommen.«

Dr. Wölfel legte mir die Hand auf die Schulter: »*Ihr* Fall ist sehr viel einfacher. Können Sie morgen um halb zehn herkommen?« Ich bejahte, er gab mir die Hand, und ich ging nach Hause. Tags drauf, um Punkt neun Uhr dreißig, meldete ich mich in der Kanzlei.

Wieder war das Wartezimmer voll, zum Teil wieder von SS-Männern. Aber diesmal kam ich als erster dran. Es ging wieder vorbei an den aufgestapelten Bildern und Holzreliefs, ins Sprechzimmer Dr. Wölfels. Aber er war nicht allein. »Guten Tag«, sagte er. Und dann, zum anderen Mann in seinem Zimmer gewendet: »Herr Bezirkshauptmann, das ist der junge Mann, von dem ich Ihnen erzählt habe.« Der Angesprochene stand auf und hielt mir die Hand entgegen. »Freut mich sehr«, sagte er. Dieser Mensch wartete also offenbar nicht darauf, mich abzuholen, wie ich eine Sekunde lang gefürchtet hatte. »Ich habe da einige Papiere für Sie. Wollen Sie sie bitte entgegennehmen und diesen Zettel unterschreiben?«

Auf dem Zettel stand lediglich das Datum und darunter die Worte: ›Ich bestätige, neun Dokumente übernommen zu haben.‹

Ich zählte. Acht Dokumente waren Papiere zur Vorbereitung meiner Ausreise, das neunte war mein vertraulicher Bericht. Ich unterschrieb, von den beiden Männern wohlwollend beobachtet, und machte dabei, wie ich es damals gewohnt war, durch die untere Hälfte des Anfangsbuchstabens meines Vornamens einen schrägen Strich.

»Ist das ein geheimes Zeichen?« erkundigte sich Dr. Wölfel.

»Natürlich«, sagte ich, »das ist eine ganz gefährliche kommunistische Verschwörung.« Die beiden lachten. »Also, junger Mann, viel Glück für Ihr weiteres Leben. Guten Tag.«

Ich bedankte und verabschiedete mich und war nach wenigen Sekunden zur Tür und zum Haus hinaus und mit meinen Papieren auf dem Heimweg.

Der Witz dabei war, daß der schräge Strich durch den Anfangsbuchstaben meines Vornamens wirklich ein geheimes Zeichen war. Ich hatte nämlich eine Art Untergrundbewegung gegründet, nur acht oder neun Mann stark, deren Mitglieder sich ihre Zugehörigkeit zu diesem Geheimbund auf diese Art immer wieder in Erinnerung brachten. Daß dieser Geheimbund, dessen Tätigkeit in ihrer Unerfahrenheit und romantischen Naivität diesem Geheimzeichen genau entsprach, nicht aufgeflogen ist, und daß wir alle am Leben blieben, scheint mir nun in der Rückschau fast ein Wunder. Aber das geht auf ein anderes Blatt.

Diese Heldentaten oder Schildbürgerstreiche und auch alles Weitere, was bis zum Ende meines Heldenzeitalters oder meiner Heldenzeitjugend geschah, nämlich bis zum Tag meiner Abreise nach England, verblassen für mich im Vergleich zur Rückholung der von der Gestapo beschlagnahmten Papiere, obwohl auch die, wenn man sie jetzt erzählt, eigentlich ganz einfach wirkt.

Mein Vater starb etwa zwei Wochen später an den Folgen eines Verhörs, wie ich in einem anderen Zusammenhang berichte. Meine Mutter wurde zu fünf Jahren verurteilt, wurde aber 13 Monate nach ihrer Verhaftung freigelassen und kam unmittelbar vor Kriegsausbruch nach England, wo sie ein hohes Alter erreichte.

Dr. Günther Weiß blieb noch lange in Haft, auch noch nach meiner Ausreise nach England, und groteskerweise wurden ihm nach dem Krieg auf Grund seines damaligen Vergehens gegen die für Anwälte gültigen Regeln in Bayern, wo er wohnte, noch die größten Schwierigkeiten gemacht. Dies, obwohl damals längst wieder *unbußfertige* alte Nationalsozialisten als Anwälte, Staatsanwälte und Richter ihres Amtes walteten; ja vielleicht gerade deshalb.

Ich half ihm in dieser Nachkriegszeit mit Erklärungen nach besten Kräften und gab ihm auch das Geld, das er mir damals gegeben hatte, entsprechend aufgewertet, wieder zurück. Leider ist er, bald nachdem er seine Rehabilitierung als Anwalt durchgesetzt hatte, gestorben.

Von den restlichen Heldentaten, falls mir noch welche einfallen, ein andermal.

Meine Widerstandsgruppe

Ich kann mich, glaube ich, an nichts sonst in meinem Leben erinnern, in dem ein gewisses Maß von Mut, Realismus und Verantwortungsgefühl sich mit soviel leichtsinniger, unter den damaligen Umständen nicht zu rechtfertigender kindischer Romantik vermischt hat.

Einige Tage nach Hitlers Einmarsch in Wien, in der zweiten Märzhälfte 1938, lud ich einige Schulkameraden zu mir ein, alles Kinder jüdischer Eltern wie ich, und gründete mit ihnen eine Widerstandsgruppe, deren Angehörige einander nicht nur Verschwiegenheit gegenüber den Nazibehörden bis in den Tod gelobten, sondern auch vereinbarten, daß jeder von uns in der unteren Hälfte des Anfangsbuchstabens seines Vornamens einen schrägen Strich von links oben nach rechts unten anbringen sollte. Der Antrag eines Mitglieds, uns auch jeder den Arm zu ritzen und dann Blutsbruderschaft zu trinken, wurde mit Stimmenmehrheit abgelehnt. Dazu kamen wir uns zu erwachsen vor. Gegen den Strich durch den Anfangsbuchstaben hatte niemand etwas einzuwenden.

Die meisten jüdischen Familien unterwarfen damals ihre Bücherschränke einer strengen Zensur. Staatsgefährliche Literatur, besonders marxistische Bücher, wurde ausgereiht und vernichtet, denn sie fürchteten mit Recht das Ärgste, falls diese Bücher in ihren Wohnungen gefunden wurden. Die Kachelöfen der alten Wiener Wohnungen hatten Hochbetrieb.

Ich hatte natürlich von den Bücherverbrennungen in Deutschland gelesen, und mir tat es um jedes Buch leid. Die Hauptarbeit der Widerstandsgruppe bestand daher darin, daß wir alle unsere jüdischen Freunde und Bekannten aufsuchten, ihnen lebhaft ausmalten, wie gefährlich es sei, jetzt, da der eigentliche Winter vorbei sei, immer noch den ganzen Tag lang Papier zu verbrennen, was man riechen und womöglich von draußen an dem aufsteigenden Rauch bemerken könne. Es sei viel besser, diese Bücher uns zu geben. Wir würden sie zu Leuten hintragen, Nicht-

Nach der Besetzung: Nazis zwingen Wiener Juden, die mit Losungen für die (durch den Einmarsch verhinderte) Volksabstimmung ›verschmutzten‹ Straßen zu säubern

juden, die aber die Nazis haßten und gerade solche Bücher brauchten, um Lese- und Unterrichtsmaterial gegen sie zu haben. Nur Exlibris, Namen und Stampiglien, die die Herkunft der Bücher verraten könnten, mußten natürlich entfernt werden.

Da vielen Bücherbesitzern die Vernichtung ihrer Bücher ohnehin wehtat, und anderen das Verbrennen leid war oder zu gefährlich schien, bekamen wir genug Bücher, manchmal mehr als genug. In großen Koffern wollten wir sie nicht tragen. Schultaschen und Einkaufstaschen hielten wir mit Recht für unauffälliger. Wir alle machten auch die Erfahrung, daß Bücher in einiger Menge gar nicht leicht zu tragen sind, und wenn wir nicht durch die Gepäckmärsche unserer uns aufgezwungenen vormilitärischen Erziehung in den eben erst vergangenen Jahren im Tragen trainiert gewesen wären, wäre uns die Bewältigung dieser selbstgesetzten Aufgabe noch schwerer gefallen.

Wir brachten die Bücher zu Leuten, die wir als Sozialisten oder Kommunisten kannten. Dabei unterliefen uns, entsprechend unseren sehr lückenhaften Kenntnissen, auch einige kleine Fehler. Zum Beispiel brachten wir zu einer parteitreuen kommunistischen Familie eine ganze Anzahl Bücher von Leon Trotzki, die dann wahrscheinlich noch etwas rascher verbrannt wurden, als dies in den jüdischen Wohnungen der Fall gewesen wäre.

Wesentlich weniger als die Bücher wog das illegale Propagandamaterial, das wir mit vielen Durchschlägen auf unseren Schreibmaschinen abgetippt hatten. Daß man Schreibmaschinen an ihrer Schrift identifizieren kann, genauso wie Handschriften, das wußten wir nicht. Keiner von uns hatte eine Ahnung von Kriminologie.

Das abgetippte Material bestand zum Teil aus Auszügen aus Werken wie Leonhard Frank, ›Der Mensch ist gut‹ oder Nicolai, ›Aufruf an die Europäer‹, zum Teil aber auch aus erbaulichen Gedichten, die meistens ich verfaßt hatte. Nicht ohne Schamgefühl erinnere ich mich noch an den Kehrreim eines meiner von uns verbreiteten Gedichte:

Auf! Die Menschheit zieht zur Höhe!
Über Haß und Unterdrückung
Siegt ihr göttlich freier Schritt.
Alle gilt es zu beglücken,
Die noch Not und Tod bedrücken:
Komm und ziehe mit uns mit!

Auch der Anfang dieser Dichtung war nicht wesentlich staatsgefährdender oder konkreter als dieser Kehrreim. Er lautete:

Not und Hunger, Haß und Krieg
Wüten auf der Erde,
Darum rufen wir euch auf,
Daß es besser werde.
Führt die Menschlichkeit zum Sieg!
Den Enttäuschten richtet auf!

So wenig konkret diese Parolen waren, so wären solche Verse in vielen Exemplaren in den Taschen von jüdischen Schülern, wenn wir den Nazis in die Hände gefallen wären, doch genug gewesen, um uns nicht nur schweren Mißhandlungen auszusetzen, sondern auch um uns ins Konzentrationslager zu bringen. Für jugendlichen Überschwang hatte das Hitlerregime nur dann Verständnis, wenn es ihm in den Kram paßte.

Vorsichtsmaßregeln wie etwa, Hakenkreuze anzustekken, bevor wir Bücher einsammelten und austrugen oder unser Propagandamaterial durch Briefschlitze und Türspalten warfen, hatten wir nicht getroffen. Nicht, daß wir die Tarnung mit Hakenkreuzen verschmäht hätten. Wir waren gar nicht auf die Idee gekommen, ebensowenig, wie wir daran gedacht hatten, daß der Bau oder gar Ankauf eines einfachen Vervielfältigungsapparates weit einfacher gewesen wäre als das ewige Abtippen von Propagandamaterial.

So geschah es eines Tages, als mein Freund Edmund und ich durch die Liechtensteinstraße gingen, die Taschen voll von Propagandamaterial, daß wir in Schwierigkeiten kamen. In der Nähe des Zugangs zur Strudelhofstiege sahen wir einen SS-Mann, der auf der Straße stand und uns entgegenblickte. Wir wechselten, wie wir hofften, unauffällig, auf die andere Straßenseite hinüber, wo der Liechtensteinpark seine Mauer hatte. Aber auch dort stand ein SS-Mann, und der hielt uns an.

»Sind Sie Jude? Osterreichischer Staatsbürger?« Beides bejahten wir wahrheitsgemäß. »Kommen Sie mit.« Wir wußten, daß das weiter nichts bedeutete, als daß wir in irgendeiner SS-Kaserne Reinemachdienste leisten sollten. Das wäre zwar unangenehm gewesen, und man mußte sich darauf gefaßt machen, einige Tritte oder Schläge zu erleiden, aber das wäre nicht so arg gewesen. Nur wußten wir auch, daß in den letzten Wochen zum Ritual dieser Reinemachaktionen die Entleerung aller Taschen und Prüfung ihres Inhalts hinzugekommen war, und das würde natürlich in unserem Fall schlecht ausgehen. Daß ich, der ohnehin eine leichte Bewegungsstörung hatte und nicht gut marschieren und schon gar nicht laufen und springen konnte, einen KZ-Aufenthalt nicht überleben würde, war so gut wie sicher. So also sah der Tod aus? Ein Mann mittleren Alters in schwarzer Uniform, mit ein wenig traurigem, aber gar nicht bösartigem Gesicht, in dem rot aufgesprungene Äderchen an Nase und Wangen vielleicht anzeigten, daß er zuviel trank.

Ich riß mich zusammen und fragte den SS-Mann sehr ernst: »Muß das unbedingt sein?« Ich sah ihn voll an, und er sah mich und meinen Freund an. Ich weiß nicht wie lange, aber es wird wahrscheinlich nicht länger als eine Sekunde gewesen sein. Dann machte er eine Handbewegung und sagte: »Gehen Sie.« Ich sagte: »Besten Dank«, und wir gingen. Nach einer Anzahl von Schritten fragte mich Edmund: »Wie hast du das gemacht?«

»Ich weiß nicht, komm nur.« Unser Mut war für diesen Tag spurlos verschwunden. Wir suchten die nächste Bedürfnisanstalt auf, und jeder von uns, ohne sich mit dem anderen abgesprochen zu haben, begnügte sich nicht damit, sein Propagandamaterial in der Klosettkabine liegenzulassen, nein, wir spülten es hinunter, obwohl das mehrmals wiederholte Spülen auffälliger gewesen sein dürfte, als wenn wir es einfach zurückgelassen hätten.

Später, nach der Verhaftung meiner Eltern, hatte ich weniger Zeit, mich meiner Widerstandsgruppe zu widmen und nach einigen Jahren Exil hatte ich sie so gut wie vergessen. Erst zwanzig Jahre später traf ich einen anderen ehemaligen Angehörigen dieser Gruppe, Erwin Schön, der mir wegen meiner Vergeßlichkeit ernsthafte Vorwürfe machte. Für ihn war die Zugehörigkeit zu diesem mehr als halb kindlichen Geheimbund eines der entscheidenden Ereignisse seines Lebens. Der Unterschied, wie er es nannte, zwischen bloßem Angespucktwerden und heimlichem Zurückschlagen.

Bleirohre

Im August 1938 war ich als bettelarmer Flüchtling nach England gekommen. Ich hatte keine Arbeitsbewilligung, und die Unterstützung durch das Flüchtlingskomitee war zum Sterben zuviel und zum Leben zuwenig. Ich wußte, daß es durch Hitler zum Krieg kommen werde und daß dann alle den Nazibehörden bekannten aktiven Antifaschisten und alle Juden auf die eine oder andere Art umgebracht werden würden.

Also bemühte ich mich, obwohl ich von Gaskammern natürlich noch nichts ahnte, für möglichst viele Menschen Visa nach England zu beschaffen, mit denen sie der Machtsphäre Hitlers entfliehen konnten. Nach der sogenannten Reichskristallnacht war in vielen Fällen ein Visum auch entscheidend, um die freizubekommen, die bei einer Massenrazzia als Juden ins Konzentrationslager gepfercht worden waren.

Da es um Leben oder Tod ging, war ich in der Wahl meiner Mittel nicht heikel. Ich entdeckte, daß irische Arbeiterfamilien bereit waren, für zehn Shilling, also nur ein halbes Pfund Sterling, eine Unterschrift zu geben, daß sie ein Dienstbotenehepaar beschäftigen würden. Dadurch konnten zwei Menschen nach England kommen. Natürlich wollten diese Arbeiterfamilien nicht wirklich Dienstboten beschäftigen. Aber die Bewilligung des Visums dauerte meistens so lange, daß auch echte Arbeitgeber mittlerweile schon oft abgesprungen waren und jemand anderen eingestellt hatten, so daß dann diese Flüchtlinge nach ihrer Ankunft zunächst vom Komitee verpflegt oder an einen anderen Arbeitsplatz vermittelt werden mußten. Mein Hauptproblem aber war, daß ich kein Geld hatte. Die Beträge zur Bezahlung der Unterschriften, ja, schon die Ausgaben für Briefmarken, überstiegen meine Mittel.

Zum Glück gab es in London viele Häuser, die auf Abbruch leerstanden, weil die neunundneunzigjährigen Pachtverträge abgelaufen waren. In Nordwestlondon allein waren es ganze Straßenzüge wunderschöner, frühviktorianischer Villen in St. John's Wood und Maida Vale. Meist war schon irgendwo ein Fenster oder eine Tür aufgebrochen oder ließ sich leicht öffnen. In diesen leerstehenden Häusern riß ich die Bleirohre der alten Wasserleitungen los und verkaufte sie in einer kleinen Altmetallhandlung in Maida Vale. Das war natürlich unrechtmäßig, aber der Erlös diente bis auf den letzten Penny der Rettung von Menschen. Also hatte ich auch da keine Gewissensbisse. Außerdem sagte ich mir, würden sonst nur die Arbeiter, die das Haus abzureißen hatten, diese Bleirohre auf eigene Rechnung verkaufen. Denen hätte ich das zwar auch gegönnt, denn sie waren schlecht genug dran, aber mein Anliegen schien mir doch wichtiger.

Eines Tages hatte ich eben ein großes Zimmer im obersten Stockwerk eines leerstehenden Hauses betreten, als ein Windstoß die Tür hinter mir zuschlug. Die Tür hatte noch ihr Schloß, aber keine Klinken mehr. Durch das viereckige Loch für die Verbindungsachse der Klinken konnte ich das Gangfenster sehen, nur hinaus konnte ich nicht. Ich war gefangen. Im Zimmer lag die Klinke nicht. Vielleicht hatte ich einen Vorgänger gehabt, der Türklinken gesammelt hatte.

Ich hätte versuchen können, die massive, hundert Jahre alte Tür einzutreten, aber dabei wäre dröhnender Lärm entstanden und ein Polizist hätte mir kaum geglaubt, daß meine Bleisammlung nur menschenfreundlichen Zwekken diente. Und gar ein Polizeigericht? – Hätte das die Menschenfreundlichkeit meiner Zwecke anerkannt oder wichtig gefunden? Hätte es nicht sogar ein zweites oder drittes Vergehen daraus konstruiert, etwa Bestechung britischer Untertanen zum Zweck der Einschleusung von Ausländern auf Grund falscher Angaben? Es wurde mir klar, daß ich von den Behörden als Einbrecher und Dieb, wenn nicht als etwas noch Ärgeres abgeurteilt werden könne. Das hätte Gefängnis oder Ausweisung bedeutet.

Auch um Hilfe Rufen war daher ausgeschlossen. Außerdem gingen die Fenster auf die menschenleeren Hintergärten hinaus. Ich hätte natürlich die belastenden Bleirohre, die ich bei mir hatte, zum Fenster hinauswerfen können, ehe ich um Hilfe rief, aber als Eindringling hätte ich immer noch gegolten. Außerdem wäre es mir wie Verrat an den

Erich Fried im Alter von 18 Jahren, nach seiner Flucht nach London

gefährdeten Menschen vorgekommen, in Gestalt meiner Bleirohre das zu ihrer Rettung notwendige Geld zum Fenster hinauszuwerfen.

Ich wußte, daß nebenan ein Gangfenster offen stand. Unterhalb meines Fensters lief eine ziemlich breite Mauerleiste rund um das Haus. Konnte ich nicht, wenn ich mich an die Mauer anhielt, auf dieser Leiste hinüber zum offenen Gangfenster kommen? Aber als ich mit dem Stiel eines Besens, der im Zimmer stand, versuchsweise auf diese Mauerleiste schlug, bröckelte sie ab. Ich hätte mir das Genick gebrochen.

Der Besenstiel aber gab mir eine Idee. Ich zerbrach ihn am vorstehenden Fensterbrett, und der Bruch verlief, wie ich gehofft hatte, schräg. Es gelang mir, das Holz so fest in das viereckige Loch der Türklinke zu klemmen, daß ich es durch Drehen statt der fehlenden Klinke benützen und die Tür wieder öffnen konnte.

Ich war frei, Zuerst sah ich mich nach allen Seiten um, dann nahm ich die Bleirohre wieder an mich.

Von da an war ich zwar vorsichtiger, aber ich hörte nicht auf, Bleirohre zu sammeln und zu verkaufen. Mit dem Geld wurden alles in allem etwa zwanzig Menschen gerettet.

Ein Lord und zwei mal zwei Flüchtlinge

Beim Versuch, als Flüchtling in London Menschen aus Hitlers Machtbereich zu retten, konnte man in die sonderbarsten Lagen kommen.

Ein ehemaliger Schulkollege, Flüchtling wie ich, hatte Anfang 1939 bei reichen Leuten Unterkunft gefunden. Es war in Park Lane, einer vornehmen Straße, dem, was man in London eine gute Adresse nannte. Seine Gastgeber waren auf einige Wochen verreist, und er hatte sich um einlaufende Post und derlei zu kümmern.

Mir kam ein Gedanke, auf den er bereitwillig einging. Ich ließ bei Woolworth für wenige Pennies einige Blatt Briefpapier mit dem freierfundenen Namen irgendeines Lords und der vornehmen Park-Lane-Adresse drucken und schrieb auf der Maschine in dem schlechten Deutsch, das ich von Engländern gehört hatte, einen Brief an die Gestapo in Wien.

Wir seien, ließ ich meinen Lord schreiben, Bewunderer des Führers, aber einer unserer Bekannten sei zufällig mit diesen zwei jungen Männern bekannt geworden, die jetzt am 10. November 1938, nicht, weil etwas gegen sie vorlag, sondern nur auf Grund einer allgemeinen Maßnahme mit anderen Juden ins Konzentrationslager gekommen seien. Das Schicksal dieser zwei beschäftige unseren Bekannten, der sehr einflußreich sei, und könne unseren Bemühungen schaden, Verständnis für das neue Deutschland zu wekken. Ihre Freilassung würde wahrscheinlich sehr helfen.

Dies versah ich mit der schwungvollen Unterschrift des nichtexistierenden Lords. Noch in derselben Woche, also buchstäblich postwendend, wurden die zwei freigelassen. Sie kamen dann auch noch rechtzeitig vor Kriegsausbruch über die Grenze. Leider konnte man einen solchen Kniff nicht nach Belieben wiederholen.

Eine ganz andere Art von Betrug, bei dem wir wohl oder übel mitspielen mußten, um Menschen zu retten, war das Vorvisum. Heute ist längst vergessen, was das war. Einige Konsulatsbeamte mittel- und südamerikanischer Staaten hatten eine neue Methode gefunden, Wohltäter ihrer Mitmenschen zu werden und sich zugleich einen Nebenverdienst zu verschaffen. Für Beträge zwischen zehn und fünfzig Pfund Sterling stellten sie *Vorvisa* aus, auf offiziellem Konsulatsbriefpapier mit Unterschrift und Amtsstempel, die besagten, bei Vorlage des Reisepasses in London werde dem Antragsteller, manchmal auch einer ganzen Familie samt Kindern, das Visum zur Einreise in den betreffenden Staat ausgestellt werden. Inoffizielle Bedingung für die Erteilung solcher Vorvisa war, daß sie nie wirklich in Anspruch genommen werden durften. Auf Grund eines solchen Briefes aber wurden, wenn Angehörige ihn vorweisen konnten, KZ-Häftlinge, die nur einer Judenrazzia zum Opfer gefallen waren, freigelassen, ja konnten sogar ein englisches Durchreisevisum erhalten.

Wie gewöhnlich hatte ich nicht genug Geld, um Vorvisa zu beschaffen, dafür aber diesmal eine Empfehlung an einen jüdischen Pfeifenfabrikanten im Londoner Eastend. Er hörte sich meine Erklärungen über Vorvisa an, musterte mich mißtrauisch von oben bis unten und meinte schließlich: »Gut, ich gebe Ihnen das Geld, aber Sie müssen mir unterschreiben, daß die beiden Boys«, es waren Zwillinge, etwa zweiundzwanzig oder dreiundzwanzig Jahre alt, »daraufhin von den Nazis binnen vierzehn Tagen freigelassen werden. Wenn sie nicht frei sind, dann haben Sie mich beschwindelt, und dann werde ich gegen Sie vorgehen und das in die Zeitung bringen, in die DAILY MAIL.«

Vergebens versuchte ich ihm zu erklären, daß ich die Nazibehörden nicht zu einem genauen Freilassungstermin zwingen könne. »Entweder Sie unterschreiben, oder Sie kriegen keinen Penny von mir.» Wütend unterschrieb ich, denn ich hatte keine andere Wahl, wenn ich den Zwillingen helfen wollte.

Noch am selben Tag holte ich die Vorvisa ab und schickte sie nach Wien, an die Angehörigen der Zwillinge. Gleichzeitig erklärte ich den Angehörigen, ich müsse unbedingt, auch wenn die beiden noch nicht frei seien, binnen vierzehn Tagen einen Dankbrief für ihre Befreiung haben. Diesen Dankbrief erhielt ich auch, aber in Wirklichkeit waren die beiden noch nicht frei. Zähneknirschend schickte ich den Brief an den Geldgeber weiter, der sich damit zufriedengab.

Eine Woche danach kamen die Zwillinge wirklich frei, und wenige Wochen später, als sie in England eintrafen, ging ich mit ihnen zu dem Pfeifenfabrikanten, der sich herzlich freute. Dann erklärte ich ihm, wie er mich gezwungen hatte, ihn zu belügen und zu betrügen.

Wieder sah er mich von oben bis unten an und fragte schließlich: »Sind Sie noch bereit, mir die Hand zu geben? Es tut mir leid, aber ich habe es nicht besser verstanden.« Dann gab er mir – ohne irgendeine Bedingung daran zu knüpfen – zweihundert Pfund, damals viel Geld, zur beliebigen Verwendung für das Herausbringen von Hitleropfern.

Die unwürdigen Familien

Wer von den verfolgten Juden in Hitlers Gaskammern endete und wer noch rechtzeitig, vor Kriegsausbruch, ein Auslandsvisum erhielt, das hing nicht nur vom Zufall ab, sondern sehr oft davon, welcher gesellschaftlichen Schicht sie angehörten. Gewiß kam es manchmal auch auf den Zufall an. Wer nach Belgien oder Frankreich ausgewandert war oder gar in der Tschechoslowakei oder in Italien Zuflucht gefunden hatte, der wurde einige Jahre später von den Schergen des Hitlerregimes eingeholt, wenn er nicht versteckt wurde oder weiterfliehen konnte. Unter diesen später Eingeholten gab es natürlich auch Wohlhabende, die ursprünglich dank ihren Verbindungen oder Auslandsguthaben wenig Schwierigkeiten gehabt hatten, Visa und Aufenthaltsbewilligungen zu erhalten.

Meistens aber kamen, besonders in Deutschland und Österreich, gerade die Ärmeren unter den Verfolgten nicht mehr rechtzeitig hinaus und wurden schließlich deportiert und vernichtet. Das waren Arbeiter und Arbeitslose, die sich oft auch nicht gut auskannten, wie man sich Dokumente verschaffen oder mit dem Ausland korrespondieren konnte. Das waren Alte, denen die nicht allzu gastlichen Gastländer meist nur Visa gewährten, wenn sie genügend Geld hatten, so daß nicht zu befürchten war, sie würden dem Gastland zur Last fallen; und schließlich waren das Waisenkinder.

Es gab damals viele Kinder, die Eltern verloren hatten, auch Vollwaisen, z. B. wenn der Vater im Gefängnis oder im Konzentrationslager umgekommen war und die Mutter auf diese Nachricht hin Selbstmord begangen hatte. Zwar kümmerten sich jüdische Waisenhäuser und Gemeinden um die Ausreise dieser Waisenkinder, aber das ging im allgemeinen viel schleppender und weniger wirksam als bei Kindern, die noch Eltern hatten oder aus wohlhabenden Familien stammten.

Mir selbst waren Waisenkinder bis dahin eigentlich nur in den Märchenbüchern meiner Kindheitsjahre begegnet, und obwohl ich nun, seit der Ermordung meines Vaters, selbst halb verwaist war, hatte ich in jenem Herbst 1938 als eben erst in London angekommener mittelloser siebzehnjähriger Flüchtling andere Sorgen, als mich darum zu kümmern, ob eine solche Definition auf mich zutraf. Außerdem fühlte ich mich nicht mehr als Kind. Aber groteske Zufälle ermöglichten es mir zu helfen, einige Waisenkinder aus Hitlers Machtbereich nach England zu bringen.

Edmund, ein Schulkamerad aus Wien, nun Flüchtling wie ich, hatte eine untergeordnete Stellung im Bnai-Brith-Komitee für Kinder gefunden. Bnai-Brith war eine Art jüdische Freimaurerloge und kümmerte sich um Kinder jüdischer Konfession, während die Quäker politisch oder rassisch Verfolgte anderer Religionen, z. B. christliche Kinder jüdischer Herkunft, nach England zu bringen versuchten. Diese Arbeitsteilung hatte den Sinn, daß keine der Geretteten unversehens ihrer eigenen Konfession abspenstig gemacht werden sollten. Sie verringerte aber die Wirksamkeit des Hilfswerks.

Das Bnai-Brith-Komitee war in einem großen alten Haus am Rand von Bloomsbury, Nummer 150, Southhampton Row, einquartiert, und die unmittelbaren Vorgesetzten meines Schulkameraden Edmund waren drei anziehende junge Mädchen aus begüterten englisch-jüdischen Familien, die diese Arbeit als eine Art Wohltätigkeitspflicht taten, vielleicht auch in der Hoffnung, eines Tages dafür irgendeine Auszeichnung zu erhalten.

Mittlerweile versuchten sie, ihr Büro teils zu verschönern, teils durch Mitbringen von Bestandteilen ihrer eigenen häuslichen Umgebung anheimelnder zu machen. So hatte die eine außer einigen gediegenen Möbelstücken und bestickten Kissen ihren Hund, die zweite ihre Katze und die dritte eine Reihe von Topfblumen gebracht, Hund und Katze natürlich nur tagsüber.

Nun kommen im allgemeinen Hunde und Katzen in England erstaunlicherweise viel besser miteinander aus als bei uns. Dieser Hund aber, ein Dackel, und diese schwarze Katze, bildeten eine Ausnahme. Sie konnten einander nicht riechen. Dadurch ging ein großer Teil der Energie der drei jungen Damen darauf auf, zu vermeiden, daß Hund und Katze einander etwas antaten bzw., daß bei der

Hetzjagd durch die Komiteeräume die Topfblumen zu Schaden kamen.

Darunter litt natürlich die Arbeit, von der es ohnehin genug gab. Auf der einen Seite die Berge von Gesuchen um Plätze für Kinder, die damals noch verhältnismäßig leicht ein Visum erhielten, wenn sich Familien fanden, die sie aufnehmen wollten und beweisen konnten, daß sie in der Lage waren, ihren Unterhalt und ihre Erziehung zu garantieren. Auf der anderen Seite aber gab es lange Listen solcher Familien, die willens waren, Kinder aufzunehmen. Edmund kannte diese Listen, denn er mußte sie dreimal abtippen, »weil das besser aussieht als Durchschläge«, wie ihm lächelnd erklärt wurde.

Es gab damals noch kein Mittel gegen Poliomyelitis, spinale Kinderlähmung, und vielen Leuten waren Kinder gestorben. So befanden sich unter den Ehepaaren, die ihre Bereitwilligkeit, Kinder aufzunehmen, angemeldet hatten, viele, die eigene Kinder verloren hatten und nun meist ein Kind desselben Geschlechts und derselben Altersstufe annehmen wollten.

Ein Computer hätte das Zusammenbringen dieser beiden Gruppen, der verwaisten Kinder auf der einen Seite und der aufnahmewilligen Familien auf der anderen, im Laufe von Sekunden bewerkstelligt. Aber Computer gab es noch nicht, und Lochkartenmethoden, die es schon lange gab, waren den drei jungen Damen unbekannt. Nichtsdestoweniger wäre die Arbeit zu bewältigen gewesen, wenn nicht der Hund, die Katze und die Blumen einen großen Teil der Arbeitszeit aller Büroinsassen in Anspruch genommen hätten.

Dadurch kam es nicht nur zu Verzögerungen, sondern auch zu Unannehmlichkeiten. Kleinere Zwischenfälle, wie die Meldung, um dieses oder dieses Kind brauche man sich nicht mehr zu kümmern, es sei schon tot, verursachten zwar im Augenblick Entsetzen, aber keine weitere Störung des Bürobetriebes. Wenn hingegen nach vielen Wochen eine Familie, die sich bereit erklärt hatte, ein acht- bis neunjähriges Mädchen aufzunehmen, den Bescheid erhielt, »Wir haben jetzt einen zwölfjährigen Jungen für Sie«, dann waren die Antragsteller unzufrieden und lehnten nicht nur ab, eine Garantie für diesen Jungen zu unterschreiben, sondern erlaubten sich unter Umständen auch noch zu fragen, ob nicht unter der großen Zahl der in dieser Zeit Verfolgten und Hilfsbedürftigen ein neunjähriges Mädchen zu finden gewesen sei. Dann antwortete eine der Komiteedamen: »Das ist nicht Ihre Sache, das lassen Sie gefälligst unsere Sorge sein.«

So kam es zu erregten Telefongesprächen mit gegenseitigen Vorwürfen, und das Ergebnis war, daß Edmund einige neue Listen anfertigen mußte, weniger lang als die anderen, aber immerhin nicht unbeträchtlich: Listen von Familien, die wegen ihres unhöflichen Verhaltens gegenüber dem Komitee nicht für würdig befunden wurden, ein Kind zugeteilt zu erhalten: »So unmanierliche Leute wären auch für die Kinder nicht gut.« Daß der Tod im Dritten Reich für die Kinder auch nicht gut wäre, fiel diesen jungen Damen offenbar nicht ein. All dies wußte ich aus den Erzählungen Edmunds, den ich oft nach seiner Dienstzeit oder zur sehr langen Mittagspause, die wir gerne im ganz nahen Britischen Museum verbrachten, aus dem Komitee abgeholt hatte, wobei ich mehr als einmal Zeuge der Meinungsverschiedenheiten zwischen Hund und Katze und der dadurch entstehenden Gefährdung der Topfblumen geworden war.

Edmund schuldete mir seit einigen Wochen den gewaltigen Betrag von 10 Shilling, einem halben Pfund Sterling. Das bedeutete für mich damals eine Woche Miete oder auch, bei sorgfältigster Wahl der Läden, eine Woche Essenkönnen.

Ob ich das Geld je wiederbekommen würde, war ohnehin sehr unsicher. So bedeutete es für mich kein großes Opfer, Edmund einen Tausch anzubieten. Er müsse mir kein Geld zurückgeben, wenn er bereit sei, mir die Listen von Familien abzuschreiben, die wegen ihrer Respektlosigkeit gegenüber dem Komitee unwürdig seien, ein Kind zugeteilt zu bekommen. Er müsse aber, wie in den ursprünglichen Listen, auch immer die Wünsche dieser Familien angeben, besonders Geschlecht und Alter der von ihnen gesuchten Kinder.

Edmund, der keineswegs mit Arbeit überlastet war und den auch die ewigen Raufereien oder das drohende Knurren und Fauchen der beiden Tiere längst nicht mehr interessierten, hatte nichts dagegen, diese Listen anzufertigen. Noch ehe ich sie erhielt, als ich aber schon wußte, daß ich sie bekommen würde, schrieb ich nach Wien und bat Freunde dort, sie mögen im jüdischen Waisenhaus ganz kurz Photos und Altersangaben von Kindern zusammenstellen, die nach England wollten. Meine Listen waren natürlich viel kleiner als die des Komitees, auch die Kinder, um die es ging, waren weniger, obwohl meine Freunde sich schließlich nicht auf ein Waisenhaus in Wien beschränkten. So war es mir leicht, Kinderphotos und Altersangaben zu finden, die zu den Wünschen der vom Komitee zurückgewiesenen Familien paßten. Diese Familien suchte ich nun auf, eine nach der anderen, zeigte die Kinderphotos und brachte es nach kurzen Gesprächen fast immer dahin, daß sie tatsächlich bereit waren, die Kinder aufzunehmen. Allerdings war ihre Lust, mit dem Komitee zusammenzuarbeiten, nicht größer als die der Komiteedamen, mit ihnen noch etwas zu tun zu haben.

Diese Schwierigkeit mußte überwunden werden. Ich ging zu den Quäkern, legte ihnen den Fall vor, erzählte auch, wie es zu den Zerwürfnissen gekommen war, wobei ich den etwas besorgten Quäkerfrauen erklärte, es sei mir keineswegs um einen Skandal zu tun, sondern nur um die Kinder, deren einzige Chance dies sei. Es sei ja auch keine Entfremdung der Kinder von ihrer Religion zu befürchten, da ja die Listen selbst ursprünglich vom Bnai-Brith-Komitee angelegt seien; es handle sich nur darum, daß die Quäker ausnahmsweise einwilligen sollten, diese Fälle von Kindern jüdischer Konfession zu bearbeiten.

Das Quäker-Komitee beriet kurz, und schon am nächsten Tag erhielt ich positiven Bescheid. Ich atmete auf. Diese Religionstrennung bei der Rettungsarbeit war in meinen Augen ohnehin nur eine störende Pedanterie.

Wenige Wochen später waren die Kinder tatsächlich bei den ihrer unwürdigen Familien angelangt. Ob die drei jungen Damen davon je erfuhren, weiß ich nicht, glaube es aber nicht, weil Edmund sonst Unannehmlichkeiten gehabt hätte. Daß dies vermieden werden müsse, hatte ich den Quäkern ausdrücklich ans Herz gelegt.

Was mir im Eifer meiner Tätigkeit damals nicht auffiel, war, daß auch ich nur einen kleinen Teil der Listen

Edmunds bearbeitet hatte. Familien, die außerhalb Londons wohnten, hatte ich nicht besucht, weil ich zuwenig Zeit und Geld dafür hatte. Auch sie anzuschreiben, hatte ich nicht genug Energie. Auf die Idee, Gleichgesinnte zu suchen, die sich um den restlichen Teil der Listen kümmern, ja sogar schließlich noch mehr Fälle aus Deutschland und Österreich anfordern könnten, bin ich damals, mit 17 Jahren und noch ohne Verbindung zum politischen Teil der Londoner Emigration, nicht gekommen.

Mein Auftrag

Meinen ersten Auftrag als schreibender Mensch erhielt ich in London, als ich 18 Jahre alt war, einige Monate vor Kriegsanfang. Herr Berg, Sohn einer wohlhabenden Familie aus Deutschland und schon seit einigen Jahren im Londoner Exil eingelebt, hatte sich eine Stunde lang mit mir unterhalten und mir dann in seiner etwas scharfen Art, in einer Sprache, die zwar frei von jedem Berliner Akzent war, der man aber doch den Berliner anmerkte, erklärt: »Was aus Ihnen werden wird, das muß sich erst zeigen. Einstweilen sind Sie noch kein Schriftsteller, von Dichter gar nicht zu reden, sondern ein Stückchen Scheiße.« Und nach einem wohlwollenden Blick auf mich fügte er hinzu: »Ein sehr kleines Stückchen Scheiße.« Ich war empört und fest entschlossen, dem noch nicht einmal zehn Jahre älteren Mann möglichst bald zu beweisen, daß ich ein Dichter, mindestens aber ein Schriftsteller sei.

Er saß in seiner behaglich eingerichteten Wohnung in Hampstead, Berg, lässig elegant gekleidet, mir gegenüber. Er hatte mir eine Zigarette angeboten, aber ich rauchte nicht. Er hatte mir Whisky angeboten, aber ich trank nicht. Beides erhöhte nicht etwa seine Achtung. Im Gegenteil, er zuckte nur vielsagend die Achseln. So also sah ein trotz Emigration bereits arrivierter Schriftsteller aus, denn Berg hatte Verbindung mit irgendeiner sagenhaften Filmgesellschaft.

»Können Sie Drehbücher schreiben?« Nein, das konnte ich nicht. Wiederum Achselzucken, wie anfangs aus Anlaß von Zigaretten und Whisky.

»Ich kann Ihnen ein Angebot machen. Sie haben mir von Ihrer Familie erzählt, daß Ihr Vater umgebracht wurde und daß Ihre Mutter immer noch eingesperrt ist. Es braucht kein Drehbuch zu sein. Sie müssen mir nur diese ganze Geschichte streng wahrheitsgetreu und in allen Einzelheiten aufschreiben und bringen, natürlich mit der Maschine geschrieben, dann bekommen Sie 50 Pfund.«

Ich wurde rot. Von 50 Pfund konnte ich damals ein halbes Jahr lang leben. Außerdem hatte ich jetzt zum ersten

Mal im Leben einen literarischen Auftrag. Die Geschichte vom Untergang meiner Familie wahrheitsgemäß aufzuschreiben, konnte unmöglich schwer sein. Alle Einzelheiten hatte ich im Kopf, ja, ich war ganz voll von ihnen und es drängte mich immer wieder, davon zu erzählen. Am gleichen Nachmittag wollte ich noch anfangen; ich konnte es gar nicht erwarten.

»Da haben Sie noch zwei Pfund extra für Schreibpapier und Auslagen«, sagte Herr Berg am Ende unserer Besprechung. Er gab mir die Hand und kam, geräuschlos auf seinen dicken Kreppsohlen, bis zum Haustor mit mir. Seine anziehende Sekretärin sah uns nach. Ich grüßte auch sie noch. Ich beneidete ihn um sein Haus, um seine Schreibmaschine, um seine Sekretärin. Ich war sicher, daß sie auch seine Geliebte war. Schon ihre bewundernden Blicke zeigten das. Erst viel später kam ich drauf, daß Herr Berg für Frauen keinerlei Interesse hatte.

Draußen vor der Tür fiel mir dann ein, daß ich keine Schreibmaschine hatte. Meine Maschine war in Wien geblieben. Ich spazierte an zwei oder drei Geschäften mit Schreibmaschinen vorüber, aber selbst das billigste Modell, antiquarisch, mit nur drei Reihen Tasten, kostete drei Pfund. Außerdem war es fraglich, ob ich auf so einer Maschine mit nur drei Reihen, auf der man immerzu einen Hebel hin und herstellen mußte, überhaupt schreiben konnte. Die Frage war akademisch, denn ich hatte nur zweieinhalb Pfund in der Tasche, die zwei Pfund von Herrn Berg schon eingerechnet.

Wieder stand ich, schon etwas ratlos und trübsinnig, vor einem Schreibmaschinenladen mit einem Schild »Eintritt frei. Besichtigen Sie unser Lager. Kein Kaufzwang.« Ich ging hinein, Geruch von Öl, Spiritus, Farbbändern. Schreibmaschine an Schreibmaschine stand da, alles viel zu teuer.

Plötzlich sah ich, wie einer der Ladenangestellten eine große Underwoodmaschine, halb gegen seinen grauen Kittel gestemmt, in die Ecke trug, wo nur die Kiste mit Metallteilen, Eisenstücken und anderen Abfällen stand. Halb verzagt, aber doch in einem Ton, der leicht und scherzhaft sein sollte, fragte ich ihn: »Sie wollen doch diese Maschine nicht wegwerfen?«

»Doch«, sagte er, sah mich an und stellte sie für den Augenblick auf die Theke. Er war schmächtig und litt vielleicht sogar ein wenig an Asthma oder irgendwelchen anderen Beschwerden. Jedenfalls schien er froh über den Anlaß, die Schreibmaschine auf seinem Weg zum Abfallwinkel noch einmal absetzen zu können. »Die ist vorhin runtergefallen. Gott sei Dank nicht mir, sondern dem Boss. Und dabei ist der Teil rechts, der die Feder enthält, die den Wagen bewegt, glatt abgebrochen. Kaputt, nichts mehr zu machen.« Er wollte die Maschine wieder aufnehmen.

»Please, wait a minute«, sagte ich: »Bitte warten Sie eine Minute.« Dann fragte ich, was diese Maschine koste. Er rief den Boss, der auch kam: »Die ist doch nicht mehr zu gebrauchen. Was wollen Sie denn damit?« – »Ach, nur zum Spielen für ein Kind«, log ich. Ich erhielt die Maschine für zwei Shilling, den zehnten Teil eines Pfunds Sterling.

Beim Nachhauseschleppen wäre ich fast auf der Strecke geblieben, aber ich triumphierte. Ich hatte meine Schreibmaschine, und so gut wie neu! Nur der Wagen lief nicht. Als ich verschnauft hatte, verließ ich wieder mein Zimmer, ging zum nächsten Woolworth und kaufte für Sixpence eine elastische Wäscheleine aus Gummi mit zwei Haken, die in die Ösen am Ende der dehnbaren Wäscheleine paßten. Wieder zu Hause angekommen, stellte ich die Maschine auf meinen Tisch, machte die eine Öse links am Ende des Wagens fest, zog an der Wäscheleine, bis sie halbwegs angespannt war, schraubte dann den einen Haken in den Fensterrahmen und hakte die Öse ein. Zurück an den Tisch! Meine Erfindung klappte! Die elastische Wäscheleine zog den Wagen bei jedem Anschlag der Tasten um diesen einen Buchstaben nach, genau wie es die Feder ursprünglich getan hatte. Nur die letzten drei oder vier Anschläge in jeder Zeile konnte man nicht benutzen, da ließ die Spannung zu sehr nach.

Meine Freude wurde kaum dadurch getrübt, daß ich mich erst jetzt erinnerte, bei meinem letzten Ausgang, als ich die Wäscheleine gekauft hatte, vergessen zu haben, Schreibpapier und mindestens zwei oder drei Stück Kohlepapier zu kaufen. Auch das wurde noch vor Ladenschluß erledigt. An diesem Abend schrieb ich die ersten zehn oder zwölf Seiten und ging glücklich und zufrieden zu Bett. Ich

Mit der Schreibmaschine, London, um 1947

träumte aber schlecht. Ich war in Wien in unserer Wohnung, aus der wir vertrieben waren und fand in einem furchtbar vernachlässigten Zimmer meinen Vater, in elendem Zustand, aber doch lebend. Ich mußte unbedingt unseren Hausarzt holen, schämte mich aber wegen des ekelhaft schmutzigen Zimmers. Als ich ihn doch holen ging, ohne mir Zeit zum Reinigen genommen zu haben, erwachte ich und wußte noch sekundenlang nicht, ob mein Vater lebte oder tot war.

Am nächsten Morgen ging es mit dem Weiterschreiben noch ganz gut, obwohl mir ein wenig unbehaglich wurde. Die ganze Zeit über, seit meiner Ankunft in London, wußte ich natürlich, daß mein Vater an den Mißhandlungen gestorben war, die er bei einem Verhör erlitten hatte, und daß meine Mutter immer noch in einem Nazigefängnis eingesperrt war. Aber wenigstens war es für mich klar gewesen, daß wir die unschuldigen Opfer waren und daß die Nazis, die Zerstörer unserer Familie, die Vernichter des Haushalts, in den ich vor 18 Jahren hineingeboren worden war, alle Schuld hatten. Nun, beim genauen Aufschreiben aller Begleitumstände, war das nicht mehr ganz so einfach.

Gewiß, die Nazis trugen immer noch die Schuld. Sie waren die Vernichter, die Zerstörer, die Mörder, aber... Gab es ein Aber? Ich hatte plötzlich unstillbaren Hunger und beschloß, zur fast kostenlosen Kantine des Flüchtlingskomitees hinunter zu pilgern, nach Fitzroy Square.

Der Weg war lang, und als ich den Fitzroy Square erreicht hatte, war mein Hunger noch größer geworden. Außerdem war ich müde vom Gehen, und die Füße schmerzten mich, denn ich hatte meine Schuhsohlen schon viel zu dünn gelaufen und spürte jede Unebenheit des Pflasters. Wieder mußte ich an Herrn Bergs elegante Schuhe mit den dicken Kreppsohlen denken.

Wenigstens würde ich gleich Einlaß finden, denn es stand nicht wie sonst eine Schlange auf Einlaß Wartender vor der Kantine. Als ich aber die Tür erreicht hatte, fand ich sie verschlossen. Ein schön ornamental geschriebener Anschlag war etwa in Augenhöhe angebracht: »Nach Verteilung von 2000 Portionen pro Tag wird diese Kantine unweigerlich bis zum nächsten Tag geschlossen.«

Zerknirscht, müde, schlurfenden Schrittes ging es wieder nach Norden, wo ich wohnte. Unterwegs kaufte ich mir noch einen kalten ledrig-zähen Steak-and-Kidney-Pie für zweieinhalb Pennies.

In meinem Zimmer sah ich die Schreibmaschine an, und die Tasten sahen mich an. Ich war immer noch glücklich, meine Schreibmaschine zu besitzen, aber mit dem Aufschreiben der Geschichte des Untergangs meiner Familie wollte es nicht recht weitergehen. Die Anklage gegen meinen Vater und gegen meine Mutter hatte gelautet: »Vorbereitungshandlungen zur Verbringung von Devisen in das Ausland.« Das war kein politisches Vergehen, sondern verstieß gegen die Wirtschaftsgesetzgebung. Und mit Verfolgung durch die Nazis hatte es scheinbar auch nichts zu tun. Also ein ehrenrühriges Vergehen oder Verbrechen? Nein. Das bereitete mir keine Schwierigkeiten. Einige Sätze konnten das wahrheitsgemäß erklären. Ältere Leute, zum Beispiel meine Großmutter, konnten ohne Geld im Ausland überhaupt kein Visum erhalten, und außerdem, der größte Teil des Geldes, das meine Mutter tatsächlich, wenn auch auf die denkbar unerfahrenste und ungeschickteste Weise ins Ausland zu bringen versucht hatte, gehörte

Der Vater, Hugo Fried, wenige Monate vor seinem Tod

doch nicht ihr, sondern sie hatte damit nur anderen Schicksalsgenossen ganz uneigennützig helfen wollen.

Aber war es wirklich ganz uneigennützig gewesen? Finanziell sicherlich. Frau Markus, um deren Geld es in erster Linie ging, war die Kusine des Anwalts, mit dem meine Mutter befreundet war. Befreundet, ja. Die Ehe meiner Eltern war seit Jahren so, daß Vater und Mutter ihre eigenen Wege gingen. Auch das müßte man eigentlich genau aufschreiben, wenn man doch alle Umstände zu Papier zu bringen hatte. Ihre eigenen Wege, aber nicht ohne ständigen Zank, den ich schon seit Jahren kaum mehr ertragen konnte. Das war nur einer der Gründe, aus denen ich mich gesehnt hatte, endlich erwachsen zu werden und aus diesem Haushalt hinauszukommen. Aber wie das alles erklären?

Nun war ich hinausgekommen, und den Haushalt gab es nicht mehr, und mein Vater war tot und meine Mutter eingesperrt, und meine Hoffnung, meine alte blinde Großmutter noch vor Ausbruch des kommenden Krieges mit Hilfe des Flüchtlingskomitees, das alles auf die lange Bank schob, nach England zu bringen, sank von Woche zu Woche.

Aber das mußte doch immer noch zu erklären sein. Also: Der Freund meiner Mutter, um den sie furchtbare Angst hatte, hatte sich geweigert, das Land zu verlassen, wenn meine Mutter es nicht übernehme, das Geld der Familie Markus zu retten. Nicht, daß meine Mutter und Frau Markus einander besonders gern mochten. Frau Markus war irgendwann die Geliebte ihres Cousins Dr. B. gewesen. Aber meine Mutter hatte keine Wahl, wenn sie Dr. B. in Sicherheit wissen wollte.

Mein Vater hatte gewarnt, das sei zu gefährlich: »Diese ganzen dummen Geldgeschichten werden uns noch alle ins Unglück bringen!« Aber dann war doch er es gewesen, der den scheinbaren Weg zur Rettung des Geldes gefunden hatte. Ein alter Frontkamerad, Hugo Marx, jetzt praktischerweise Mitglied der NSDAP, zufällig auf der Straße wiedergetroffen, nach wie vor mehr als kameradschaftlich, erstaunlich hilfsbereit, hatte auch wirklich das Geld aus den gesperrten Sparbüchern freibekommen. Alles leicht zu erklären. Jüdische Sparkonten waren damals in Österreich eben gesperrt, aber er war kein Jude und war Parteimitglied. Daß er die Inhaber der Sparkonten dann nachher erpressen wollte, stellte sich erst später, im Laufe des Prozesses gegen meine Mutter und Hugo Marx und all die anderen heraus, die, als sich die Nachricht verbreitete, man könne sein Geld ins Ausland retten, zusammengeströmt waren und zuletzt, am 24. April 1938, im Cafe Thury unten im Haus, in dem wir wohnten, an die dreißig Mann und Weib hoch beisammengesessen hatten, um alle Möglichkeiten zu diskutieren und dabei von einem Kellner belauscht, angezeigt und prompt verhaftet worden waren.

Alles leicht zu erklären und daher auch leicht aufzuschreiben, aber im Augenblick konnte ich nicht schreiben, denn je mehr sich die Erinnerungen drängten und durch andere Erinnerungen ergänzten, desto mehr mußte ich weinen und verlor ich meine Fassung.

»Ich bin der einzige, der alle Zusammenhänge kennt. Die andern ohnehin nicht. Die braucht ihr nicht mit Verhören zu quälen, und aus mir werdet ihr nichts herauskriegen«, hatte mein Vater erklärt, und daraufhin hatte ihm der Leiter des Verhörs, Herr Göttler aus Deutschland, die Magenwand eingetreten. Ob mein Vater gewußt hatte, daß eine Weigerung, in diesen Worten ausgesprochen, Selbstmord war? Ob er gewußt hatte, daß sein Frontkamerad Marx schon längst alles verraten hatte und daß auch Frau Markus in einem Anfall von Haß gegen meine Mutter, gemischt mit eigener Todesangst, längst alles gesagt hatte, was sie wußte und was gar nicht so wenig war?

Ob mein Vater vielleicht wirklich sterben wollte, einen guten, tapferen Abgang suchen, weil er sein Leben, seine Ehe und seinen Beruf satt hatte? Überhaupt sah er alles als schiefgegangen, verpfuscht oder vertan an, wie ich ihn oft spätabends zu seinem Hund Piet hatte sagen hören, bis vor einigen Monaten, als Piet gestorben war und mein Vater gesagt hatte: »Den überleb ich um kein Jahr mehr.« Auch diese Voraussage war nun in Erfüllung gegangen. Vor der neuen Schreibmaschine sitzend und weinend erinnerte ich mich an jeden einzelnen Vorwurf meines Vaters gegen meine Mutter und meiner Mutter gegen meinen Vater und meiner Großmutter gegen alle beide. Immer wieder hatten sie gesagt: »Dieser Sumpf«, und was immer ich sonst gegen ihre Argumente gehabt hatte, diesem Wort hatte ich zugestimmt, denn auch ich empfand es nicht anders und wollte aus diesem Sumpf heraus.

Nun lag er hinter mir, der Sumpf. Das einzige Stück Sumpf, das mich noch umgab, war die Schilderung des Untergangs meiner Familie, für die ich 50 Pfund bekommen sollte.

Nein, ich wollte nicht weiterschreiben. Es würde doch aussehen, als sei meine Familie an ihrem Untergang einzig und allein selbst schuld, und die Nazis seien nur das ausübende Organ der Geschichte gewesen, der deus oder diabolus ex machina. Und das durfte nicht sein. Kein Wort mehr!

Es dauerte aber noch länger als eine Woche, bis ich soweit war, Herrn Berg einen kurzen Brief zu schreiben, daß ich die Geschichte meiner Familie leider nicht schreiben könne. Ich hatte mir bei einer wohlhabenden Flüchtlingsfamilie ein Pfund ausgeliehen, denn das andere Pfund hatte ich schon zum größten Teil verbraucht, und natürlich mußte ich dem Brief die zwei Pfund beilegen, die mir Herr Berg für Papier und kleine Auslagen mitgegeben hatte. Daß ich durch diesen Auftrag immerhin in den Besitz meiner neuen Schreibmaschine gekommen war, war in diesem Augenblick kein Trost für mich.

Erst viel später wurde mir klar, daß das Scheitern einer Ehe nicht unbedingt die Schuld des einen oder des anderen Partners sein mußte, wie ich in den letzten Jahren immer angenommen hatte, und daß Sumpf vielleicht ein etwas zu harter Ausdruck für einen an sich schon zwar sehr unerfreulichen Zustand gewesen war, der aber erst dann durch das Moralisieren und durch die Vorurteile aller Beteiligten ganz und gar unglückselig wurde.

Als ich das erkannte, war der Krieg schon ausgebrochen und meine Großmutter schon in Wien steckengeblieben und meine Mutter mit knapper Not drei Tage vor Kriegsausbruch nach England gekommen, und Herr Berg war kein bewunderter Großschriftsteller mehr, sondern hieß Peter Berg, und ich kannte auch seine eigenen Konflikte und Ängste. Und noch viel später war er ein Kollege, Exilschriftsteller wie ich, und noch später starb er, ohne es zu den Werken gebracht zu haben, die ihm eigentlich am Herzen lagen.

Herd

Herd war sein Spitzname, bei dem ihn seine Schülerinnen riefen, eine Abkürzung für Herrn Doktor Bernhard Taglicht. Ich habe ihn erst in seiner Flüchtlingszeit kennengelernt, in London, 1939, knapp vor Kriegsausbruch. Ein kleiner, zierlicher, grauhaariger Mann mit intelligentem, dreieckigem Gesicht. Er war auf der Durchreise nach Amerika, wo er dann während des Krieges an einem Herzleiden gestorben ist.

Herd, ein Neffe des Oberrabbiners von Wien, aber selbst eher ein Freidenker, befreundet mit den Schriftstellern Karl Kraus und Peter Altenberg, war Religionslehrer an der Schwarzwaldschule, einem Mädchengymnasium. Er hatte ein kleines Privatvermögen, war Junggeselle und lebte recht bescheiden. Also beschloß er eines Tages, sein Gehalt als Gymnasiallehrer in Anbetracht der schlechten Zeiten von nun an weder für sich selbst auszugeben, noch zu sparen, sondern es zu irgendeinem guten Zweck zu verwenden.

Da damals, es war Ende 1934 oder Anfang 1935, in Österreich die Demokratie schon durch ein autoritäres klerikales Regime ersetzt worden war, gab es schon viele im Land, die wegen ihrer Gesinnung verfolgt wurden, und Herd hatte beschlossen. Leute zu unterstützen, die ihrer Gesinnung wegen ins Elend geraten waren.

Diesen Teil der Geschichte kenne ich durch eine seiner ehemaligen Schülerinnen, die geheiratet hatte und schon vor mir ins Londoner Exil gekommen war, und in deren Wohnung in Netherhall Gardens, Hampstead, ich dann auch Herd kennenlernte. Ein späterer Teil der Geschichte, der sich erst nach Herds Verhaftung ereignet hatte, war mir zufällig wenige Tage zuvor unabhängig davon erzählt worden, von einem jungen Mann, einem von denen, die Herd vor dem Konzentrationslager bewahrt hat. Herd selbst hat mir dann auf meine Fragen hin die ganze Sache bestätigt. Aber ich will nicht vorgreifen.

Herds Ansichten von Nächstenliebe waren einigermaßen ungewöhnlich. Er selbst sympathisierte mit den im damaligen »schwarzen« Österreich verbotenen Sozialdemokraten und hätte unter ihnen wohl leicht Unterstützungsbedürftige gefunden. Aber er hatte sich die Pflicht zur Nächstenliebe so zurechtgelegt, daß man bei der Hilfe für ihrer Gesinnung wegen benachteiligte Menschen nicht danach fragen dürfe, ob man selbst mit dieser ihrer Gesinnung übereinstimme. So war seine Wahl auf die notleidende Familie eines von der Polizei gesuchten Wiener Nationalsozialisten gefallen, der über die Grenze nach Deutschland zu Hitlers »Österreichischer Legion« geflohen war. Dessen zurückgelassene Frau und kleine Kinder empfingen nun etwa drei Jahre lang, bis zu Hitlers Einmarsch in Wien, regelmäßig das Monatsgehalt des jüdischen Religionslehrers, der sich aber so gut wie nie bei ihnen blicken ließ, sondern die Beträge durch die Post überwies und sich nur von Zeit zu Zeit einmal nach ihrem Wohlergehen erkundigte. Die ein, zwei Freunde und alten Schülerinnen, die von Herds Unterstützungsaktion wußten, schüttelten den Kopf darüber, daß er ausgerechnet einer Nazifamilie half, aber Herd ließ sich in keine Diskussion darüber ein. Das Wort Feindesliebe fiel nicht.

Fast auf den Tag genau acht Monate nach dem sogenannten Anschluß, der Besetzung Österreichs durch Hitlers Wehrmacht, fand in Wien ebenso wie im ganzen Reich eine große Judenverfolgung statt. Die Synagogen brannten, jüdische Geschäfte und Wohnungen wurden ausgeplündert. Nach den zahllosen zerbrochenen Schaufenstern und Wohnungsfenstern mit ihren im Licht blitzenden Splittern und Scherben wurde diese Aktion von den Nazis spöttisch *Reichskristallnacht* genannt. Unter den zehntausenden Juden, die verhaftet wurden und in den nächsten Tagen ins Konzentrationslager transportiert werden sollten, war auch der kleine alte Religionslehrer Herd.

Er wurde dann mit vielen anderen in eine von den Nazis eilig als Notgefängnis beschlagnahmte Schule einquartiert. Am nächsten Tag sollte es nach Dachau weitergehen, ins Lager. Während der Nacht aber arbeiteten die uniformierten Nazis eifrig daran, gewissenhaft die Personalien aller Festgenommenen aufzunehmen. Ordnung mußte sein.

Als Herd einem Uniformierten vorgeführt wurde, der hinter seinem Schreibtisch saß und Aufzeichnungen machte, nannte er seinen Namen und seine Adresse. Der Mann blickte auf.

»Sind Sie der Mann, der Frau... und ihren Kindern drei Jahre lang Geld gegeben hat?« fragte er. Er nannte den Namen der Familie.

Herd zuckte zusammen: »Ja, der bin ich. Aber es ist nicht, was Sie vielleicht denken. Ich habe mit der Frau keinerlei nähere Bekanntschaft gehabt. Ich habe diese Familie nur unterstützt, weil sie in Not war.«

»Das weiß ich«, sagte der Mann, stand auf und ging im Zimmer des Schulleiters, das als Vernehmungsbüro diente, auf und ab:

»Ich bin nämlich der Mann dieser Frau, Herr Taglicht.« Er ging noch einmal hin und her, dann blieb er vor dem schmächtigen grauhaarigen Schutzhäftling, so nannten die Nazis ihre Gefangenen, stehen.

»Sie können sich vielleicht denken, wie ich mich fühle, Sie jetzt so vor mir stehen zu sehen?« Herd wußte nicht recht, was er sagen sollte und nickte nur.

»Also: ich werde Ihnen sagen, was ich machen kann. Ich kann Sie und elf andere freilassen. Mehr leider nicht. Aber, bitte, glauben Sie nicht, daß ich denke, ich hätte damit meine Dankesschuld Ihnen gegenüber irgendwie abgetragen.«

Herd hatte seine Sprache wiedergefunden. »Vielen Dank. Die Freilassung der elf Mann nehme ich gerne an. Aber könnten Sie nicht auch noch einen Zwölften an meiner Stelle freilassen? Ich würde lieber das Schicksal der Mehrheit teilen.«

Der Nazi legte ihm seine Hände auf die Schultern: »Sie überraschen mich gar nicht mehr. Von Ihnen habe ich so eine Antwort erwartet. Aber daraus wird nichts: Ich bin nicht so edel wie Sie! Entweder Sie gehen auch frei, oder auch niemand anderer. Das sind meine Bedingungen. Wenn Sie ins KZ kommen, dann weiß ich nicht, wie ich weiterleben kann.«

Herd argumentierte nicht weiter. Die elf anderen wurden durch das Los bestimmt. Alle zwölf kamen noch in derselben Nacht frei.

Herd hat, wie gesagt, den Krieg nicht überlebt. Von dreien seiner ehemaligen Schülerinnen, die ich gekannt habe, bin ich mit der, in deren Wohnung in Hampstead ich ihn damals kennengelernt habe, und ihrem Mann noch heute in Verbindung. Eine zweite, die Psychologin wurde, hat sich das Leben genommen. Eine dritte ist nach Australien ausgewandert. Was aus dem Nazi und seiner Familie geworden ist, weiß ich leider nicht.

Drei Bibliotheksbenutzer

Das schmale aber hohe Haus in der Westbourne Terrace, London, W.2. ist weit mehr als hundert Jahre alt. Es stammt aus der Zeit Königin Victorias und steht noch heute, mehr als vierzig Jahre nach den drei Episoden, die hier zu beschreiben sind.

Da und dort in ganz London hatten sich während des Zweiten Weltkrieges die verschiedensten Flüchtlingsorganisationen eingenistet, hier in der Westbourne Terrace die weitaus größte, das »Austrian Centre«, mit seiner Jugendorganisation »Young Austria«.

Büroräume, auch ein größerer Sitzungssaal für den linken Kern der Flüchtlingsorganisation. Aber der Sitzungssaal diente auch als Kleinkunstbühne und als Festsaal bei größeren Veranstaltungen, und unter ihm befand sich das billige Eßlokal für die Flüchtlinge, das aber die besten Traditionen der Wiener Küche hochhielt, und daneben die kleine Leihbibliothek, ein Raum nur.

Ich war der Bibliothekar. Hinter meinem Tisch und rechts von ihm zwei Bücherwände, vor mir der Schrank mit einigen zu reparierenden Büchern, der auch das geringe Geld für Leihgebühren und Ersatz für verlorene Bücher enthielt. Auf meinem Tisch Karteien und Papiere, Mahnbriefe an säumige Entlehner, Flugblätter, die auf Veranstaltungen aufmerksam machten, und allerlei Kram. Natürlich auch Bücher, in denen ich las, wenn ich gerade einige freie Minuten hatte.

Die Bücher waren teils von Flüchtlingen gespendet, teils von den Gründern des Austrian Centre selbst beigesteuert oder neu gekauft; die neuen waren meistens Werke linker Autoren, die den Gesichtskreis der Leser nach dieser Seite hin erweitern sollten. Besonders die gespendeten Bücher waren von schwer zu beschreibender Vielfalt. Neben einigen in Leder gebundenen Bänden aus dem 18. Jahrhundert gab es mehr oder minder abgegriffene Taschenbücher aus der Weimarer Republik, dann wieder prachtvolle, aber sehr oft unvollständige Klassikerausgaben; Jugendstil-

Das ›Austrian Center‹ in London

bücher, Kunstbücher, historische Romane, philosophische Abhandlungen, Essays, Kinderbücher, Gedichtanthologien, dazwischen alte Reiseführer und Schulbücher.

Eines Tages, kurz nach Kriegsanfang, wurde ich von einer jungen Frau beim Lesen unterbrochen. Sie strahlte übers ganze Gesicht: »Ihr System hat funktioniert!« rief sie mir entgegen, »Ich habe Nachricht von meiner Mutter! Nur ganz kurze, ein Telegramm. Aber doch Nachricht!«

Auch ich freute mich für sie. Das System, von dem sie sprach, war ein ziemlich einfaches. Einige Wochen vor Kriegsausbruch hatte ich eine Verbindung über ein Land, das neutral bleiben würde, eingerichtet, über die Schweiz, die Briefe und Telegramme weiterleiten konnte. Diese Nachricht war der erste Fall, der bewies, daß die Verbindung klappte. »Nur *ein* Wort in dem Telegramm versteh ich nicht«, sagte die junge Frau »wahrscheinlich eine Grußformel oder so was. Meine Mutter wird es natürlich auf Deutsch geschrieben haben. Aber in der Schweiz übersetzen sie es ja ins Englische, und ich versteh noch nicht genug Englisch. Vielleicht können Sie es mir übersetzen?« Sie gab mir das Telegramm. Das Wort hieß »deceased«, und der Satz hatte nur drei Worte: »Your mother deceased.« *Deceased* ist ein höflicher Ausdruck für *verstorben.*

»Setzen Sie sich doch«, sagte ich. Dann versuchte ich, sie darauf vorzubereiten, daß kein Anlaß zur Freude über das Telegramm bestand. Zuerst verstand sie nicht, dann weinte sie nicht nur, sondern warf sich in einem Weinkrampf hin und her, fast wie ein Fisch auf dem Trockenen.

Fünfundvierzig Jahre später wurde ich in einem anderen Teil Londons, in Mill Lane, wo ich auf der Straße in alten Büchern kramte, die vor einem Trödelladen ausgelegt waren, von einer alten Frau gefragt, ob ich ein österreichischer Dichter sei. Sie nannte meinen Namen. Als ich bejahte, sagte sie: »Sie können sich bestimmt nicht mehr an mich erinnern, aber ich habe Ihnen einmal ein Telegramm in die Bibliothek ins Austrian Centre gebracht und Sie gebeten, es mir zu übersetzen.«

»Dann heißen Sie Alice Zoldester«, sagte ich, und sie wunderte sich über mein Gedächtnis. Ich hätte sie nie wiedererkannt, aber wie hätte ich jemals diese kurze Übersetzung vergessen können?

Bei Kriegsausbruch wurden Flüchtlinge aus Deutschland und Österreich als »Enemy Aliens« eingestuft, was man je nach Neigung mit »Feindliche Ausländer« oder »Fremde aus Feindesland« übersetzen konnte. Die Bezeichnung wirkte als Aufforderung zum Mißtrauen. Sehr viele Flüchtlingsfrauen, die seinerzeit nur Arbeitsbewilligung als Hausangestellte erhalten hatten, verloren ihre Stellung und wurden vom Bloomsbury House, dem Flüchtlings-

Tischtenniszimmer im Jugendhaus des ›Young Austria‹. In der Mitte sitzend, mit Brille, Erich Fried

komitee, in rasch organisierten Heimen untergebracht. Außer einem Bett und bescheidener Ernährung erhielten sie wöchentlich sechs Penny Taschengeld, wovon sie auch Fahrkarten, Toilettenartikel und dergleichen bezahlen mußten, was natürlich unmöglich war. Die meisten verkauften oder versetzten ihre letzten Schmuckstücke oder überzähligen Kleider, aber fast in jedem Heim fanden sich ein oder zwei Frauen, die sich durch Gelegenheitsprostitution etwas dazuzuverdienen begannen. Sie hatten dann natürlich weit mehr Geld als die anderen, kauften ihren Zimmergenossinnen Schokolade, Zigaretten oder Eau de Cologne und sagten zu einem oder anderem der jungen Mädchen: »Komm doch mit ins Kaffeehaus und sieh dir das selbst an. Du mußt ja mit keinem gehen, wenn du ihn nicht magst.« Ein solches Mädchen, das mitkam, war Ruth, Mitglied des »Young Austria« und ziemlich eifrige Leserin in meiner Leihbibliothek, schön, hochgewachsen, dunkelhaarig.

Als im Young Austria, unserer Jugendorganisation, irgendwie bekannt wurde, daß sie, wie der Gruppenleiter sagte, »auf Abwege geraten war«, beschloß man, sie wegen »unösterreichischen Betragens« auszuschließen. Ruth kam weinend in die Bibliothek, erzählte mir das, und ich intervenierte.

»Erstens, wenn wir eine Jugendorganisation aufgezogen haben, um diese Menschen politisch zu beeinflussen«, sagte ich, »dann haben wir auch die Pflicht einer Jugendorganisation, sich um Mitglieder, die in Schwierigkeiten gekommen sind, zu kümmern und nicht, sie hinauszuwerfen. Zweitens, bei den Lebensumständen dieser Mädchen und Frauen in ihren Heimen ist das überhaupt kein Wunder. Ein Wunder ist höchstens, daß nicht noch viel mehr auf die schiefe Bahn kommen. Und drittens ist das doch kein unösterreichisches Betragen! Zu Hause, seit Anfang der Wirtschaftskrise, hat es das doch auch nicht so selten gegeben. Oder?«

Der Entschluß wurde zurückgezogen, Ruth kam wieder in die Bibliothek, um sich zu bedanken. Ein Mädchen in der Gruppe sollte mit ihr sprechen und sich um sie kümmern. Einige Wochen lang kam sie tatsächlich wieder regelmäßig zu den Gruppenabenden und Kameradschaftssitzungen. Dann tauchte sie eines Abends wieder bei mir in der Bibliothek auf und brachte Bücher zurück: »Nein, ich will keine neuen. Ich will mich nochmals bei dir bedanken, daß du mir zu helfen versucht hast, aber ich werde nicht mehr kommen. Es nützt doch nichts. Die meisten sehen über mich weg oder schauen mich verächtlich an, oder versuchen, auf die Schnelle mit mir zu schlafen. Oder beides zugleich, daß sie mich in der Gruppe übersehen, aber nachher anzubändeln versuchen. Ich halt das nicht mehr aus, ich komm nicht mehr.«

Mein Zureden half nichts. Auch mein Vorschlag, doch zu mir zu kommen, wenn sie irgendetwas brauche, wurde mit Kopfschütteln abgetan. Im letzten Augenblick, bevor sie hinausging, gab sie mir einen Kuß auf die Stirn und war weg, ehe ich mich von meinem Staunen erholt hatte. Nur der Duft ihres Parfums blieb noch einige Sekunden um mich.

Jahre später las ich in der Zeitung ihren Namen. Anhand von Zahnreparaturen hatte man ihren Schädel identifiziert. Sie war von dem geisteskranken Londoner Frauenmörder Christie, der zu lebenden Frauen nicht zärtlich sein konnte, umgebracht und etwa eine Woche später in seinem Haus bei Notting Hill Gate verscharrt worden.

Etwa drei Jahre vor Kriegsende begann eines Tages in dem Kästchen im Bibliotheksschrank Geld zu fehlen. Das wiederholte sich auch noch, als ich an dem Kästchen einen Zettel angebracht hatte, doch bitte kein Geld da herauszunehmen, sondern sich, wenn man Probleme habe oder in Not sei, an mich zu wenden. Schließlich ließ ich nur ein paar kleine Münzen im Kästchen, so daß es noch klimpern konnte, und bestrich das Kästchen mit Silbernitrat, das die Finger tagelang unabwaschbar schwarz macht, wenn man es berührt. Schon drei Tage später hatte sich der Dieb auf diese Weise verraten. Es war Fred, ein Mitglied des Young Austria, 18 oder 19 Jahre alt. Ich hatte ihn gelegentlich, wenn ich den Bibliotheksraum verlassen mußte, gebeten, doch ein paar Minuten auf die Bibliothek achtzugeben.

Bei meinen weiteren Fragen begann er zu weinen. Ja, er habe auch sonst noch etwas genommen. Er hatte unter anderem die Kasse für Miete, Gas- und Stromrechnungen einer Gemeinschaftswohnung, in der er untergekommen war, geplündert. Die Beträge erreichten im Ganzen eine weit größere Höhe, als ich je vermutet hätte. Genug, um monatelang davon zu leben.

»Ja, um Himmels Willen, warum hast du das getan? Du hast doch Arbeit! Verdienst du nicht genug?« Ich wußte, daß das Young Austria beschlossen hatte, alle Mitglieder müßten in Fabriken arbeiten oder in die Armee eintreten, um der angegriffenen Sowjetunion beizustehen und ihr Teil zum Sieg über Hitler beizutragen. Fred sagte trübselig, das sei es ja gerade, er habe nämlich in Wirklichkeit gar keine Arbeit. Er sei zwar zuerst in die Fabrik gegangen, aber mehrmals zu spät gekommen und sei entlassen worden. Er habe sich nicht getraut, das seiner Kameradschaftsleitung zu melden und habe in der Wohngemeinschaft jeden Morgen getan, als gehe er zur Arbeit. Dann aber habe er sich tagsüber, um nicht gesehen zu werden, in Kinos verkrochen und dort denselben Film drei- oder viermal hintereinander angesehen. Fred war tatsächlich erleichtert, daß die Wahrheit herausgekommen war und dieses Doppelleben nun ein Ende hatte.

Er meldete sich freiwillig zum Kriegsdienst und versprach, seine Schulden zurückzuzahlen. Was er der Bibliothekskasse entnommen hatte, war unerheblich, und ich ersetzte es. Vielleicht hatte ich ein schlechtes Gewissen, weil ich ihn ertappt hatte. Einmal besuchte er mich noch in Uniform in der Bibliothek und war ganz glücklich, als ich die Kasse wieder in seiner Obhut ließ, weil ich einige Minuten lang oben in einem Büro etwas besprechen mußte.

Ob Fred den Krieg überlebt hat oder nicht, das habe ich nie herausgefunden. Auch ihm hatte ich im Grunde nur ganz wenig mehr helfen können als Ruth oder Alice, die mit dem Telegramm von ihrer Mutter in die Bibliothek gekommen war, voll Freude und Dankbarkeit, daß die Verbindung über die Schweiz geklappt hatte. Das war übrigens der einzige Fall, in dem diese Verbindung damals wirklich funktioniert hat.

Hilde

Meine Mutter hatte jahrelang Kleinskulpturen für eine berühmte Wiener Keramikfirma gemacht, ihre Modelle waren gute Verkaufserfolge, und ich erinnere mich genau, wie ich als Kind zum ersten Mal die vielen kleinen Porzellan- und Terrakottafiguren in der Firma Goldscheider ansehen durfte. Die langbeinigen Tonmädchen und langohrigen Esel meiner Mutter hatten sich plötzlich vervielfacht und in Porzellan verwandelt und standen in Reih und Glied auf den Regalen. Ich glaube, auch meine erste Töpferscheibe habe ich dort gesehen. Einige Jahre danach lernte ich auch Marcel Goldscheiders Tochter Hilde kennen, ein schönes, dunkellockiges Mädchen, ein oder zwei Jahre älter als ich, das schon damals Keramikerin werden wollte und an der Töpferscheibe Tassen und Krüge herstellte, die sich sehen lassen konnten.

In meiner Oberschulzeit hatte ich Hilde aus den Augen verloren. Erst in London, im Exil, kurz nach Kriegsanfang, traf ich die Familie Goldscheider wieder.

Hilde war vielleicht noch schöner geworden als zuvor, aber irgendeine Veränderung war mit ihr vorgegangen. Sie antwortete nicht immer, wenn man zu ihr sprach, war überhaupt meistens sehr wortkarg, sprach dann aber, wenn sie etwas sagte, gelegentlich auffallend viel. Einmal sagte sie in Gegenwart ihres Vaters etwas zu ihrer Mutter, worauf ihr Vater sie ins Gesicht schlug und sie anschrie: »Fang doch um Gottes Himmels Willen nicht schon wieder an zu phantasieren!«

Hilde war in ein anderes Zimmer gegangen. Ihr Vater, ein gutaussehender, hochgewachsener Mann, hielt sich die Hände vor das Gesicht, seine Frau weinte. Ich war empört, daß er seine Tochter geschlagen hatte, sah aber doch, daß es sich hier nicht einfach um väterliche Willkür und Roheit handelte. Also nahm ich meinen ganzen Mut zusammen und fragte, da ich nun doch dabei gewesen sei, wolle ich wissen, was da geschehen sei, daß er seine Tochter geschlagen habe und daß sie nun offenbar alle so unglücklich seien.

Zu meiner Erleichterung waren Vater und Mutter Goldscheider nicht beleidigt, ja sogar mehr als mitteilungsbereit, vielleicht, weil sie ratlos waren. Aber die Versionen der beiden deckten sich nicht in allen Punkten, sie widersprachen einander, wenn auch nicht feindselig. Es sei eine sehr glückliche Ehe gewesen, bis eben das Unglück mit Hilde passiert sei, versicherten beide.

Marcel Goldscheider war der Sohn einer lange in Österreich eingesessenen jüdischen Familie, aber seine Frau war, zwar nur in der Sprache des Nationalsozialismus, der jedoch seit einem Jahr für das Schicksal der Familie entscheidend geworden war, eine Arierin. Frau Goldscheider war ohne die geringsten Bedenken mitgekommen, als ihr Mann flüchten mußte. Hilde, die Tochter, war auch mitgekommen, ohne zu protestieren.

Es gab aber einen jungen Mann, der in Hilde verliebt und ihr nicht ganz gleichgültig war. Dieser junge Mann war Nationalsozialist. Hilde hatte über die Trennung von ihm ein, zwei Tage lang geweint. Das sei aber auch alles gewesen, versicherten ihre Eltern. Zwei, drei Wochen nach ihrer Ankunft jedoch sei er in London aufgetaucht und habe Hilde wiedergesehen. Er habe sich alles genau durchdacht, habe er ihrer Tochter gesagt, und sich entschlossen, wenn er seine Liebe nicht mit seiner Weltanschauung vereinbaren könne, dann sei eben etwas an seiner Weltanschauung falsch und er müsse mit der Weltanschauung brechen, nicht mit der Liebe. Deshalb sei er gekommen, er wolle nicht mehr zurück, könne auch ohne Schwierigkeiten gar nicht mehr zurück, denn er sei im militärpflichtigen Alter und habe die Grenze einfach im kleinen Grenzverkehr überquert, ohne Erlaubnis der Militärbehörde.

Hilde war tief beeindruckt, sagte Frau Goldscheider, die beiden hätten sich öfter getroffen, und schließlich sei der junge Mann ins Haus gekommen und habe Herrn Goldscheider gesagt, er wolle seine Tochter heiraten. Ihr Mann, der seine Tochter sehr liebe, … An dieser Stelle unterbrach Marcel Goldscheider seine Frau und fragte ungehalten, was denn seine Liebe damit zu tun habe. Das sei doch keine Eifersucht seinerseits, wenn er nicht wolle, daß Hilde einen dahergelaufenen jungen Nazi – also gut, einen *halben* Nazi! – heirate, der gar keine Existenzgrundlage habe, dessen Laune geradesogut wieder wechseln könne, denn vor ein paar Wochen habe er ja noch »Deutschland erwache, Juda verrecke!« geschrien.

Seine Frau versuchte ihn zu beschwichtigen, denn er sprach immer lauter. »Oder stimmt es vielleicht nicht?« fragte er noch grollend. Dann übernahm Frau Goldscheider wieder den Bericht. Ihr Mann habe den Jungen mehr oder weniger hinausgeworfen und ihm verboten, seine Tochter wiederzusehen. Das habe er dann auch Hilde gesagt, die aber nichts geantwortet habe, sondern nur in ihr Zimmer gegangen sei.

Offenbar aber hätten die beiden doch eine Vereinbarung gehabt, oder vielleicht habe er auf der Straße auf sie gewartet, jedenfalls seien sie noch zusammengekommen, denn Hilde habe ihr eine Woche danach, und zwar ganz ruhig, gesagt, ihr Freund sei eben völlig verzweifelt nach Deutschland zurückgefahren.

Mit Hildes Ruhe sei es aber vielleicht nicht so weit her gewesen, denn wenige Tage danach sei Hilde im Bett geblieben, habe weder essen noch sich waschen wollen, sei überhaupt sehr deprimiert gewesen, habe es abgelehnt, mit den Eltern oder mit dem Arzt zu sprechen, und ihr Mann und sie hätten gehofft, wenn man ihr einige Zeit Ruhe lasse, so werde sich das schon legen, die Zeit heile ja alle Wunden.

Es sei auch scheinbar wieder besser geworden, Hilde sei auch wieder aufgestanden, wasche sich auch wieder und ziehe sich ordentlich an, gelegentlich mache sie sogar in der Werkstatt, mit der sie jetzt zusammenarbeiteten, wieder einen Topf oder einen Krug auf der Scheibe oder modelliere auch frei. Aber irgendwie sei sie ganz anders, und manchmal phantasiere sie eben, und das könne ihr Mann nicht ertragen. Dann werde er grob zu seiner Tochter und mache dann auch ihr Vorwürfe, das Kind müsse das von ihr haben, von ihm komme dieser Unsinn sicher nicht.

Ich fand es fast unmöglich, die Erzählung der beiden zu ertragen, und war froh, als Hilde wieder ins Zimmer kam, was dem Gespräch ein Ende setzte. Ich begann mit Hilde zu sprechen, fragte zuerst nach ihrer Töpferei, dann wie sie London finde und überhaupt, wie es ihr gehe. Sie war freundlich zu mir und durchaus bereit zu sprechen. Einige Male suchte sie nach Worten oder geriet bei einem Wort, das zwei verschiedene Bedeutungen hatte, von einer Bedeutung in die andere. Ich glaube, zuerst fiel es mir bei dem Wort »Grund« auf. Es ging darum, auf welchen Grund bei einem Krug eine Glasur aufgebracht werden könne. Dann sagte sie: »Der eigentliche Grund ist aber ein ganz anderer, aber davon will ich lieber nicht sprechen.« Sie lachte. »Außerdem hat Papa unlängst gesagt, ich soll mich in Grund und Boden schämen, also noch ein Grund!« Sie lachte wieder und schaute ins Weite. Dann sprach sie von etwas anderem.

Ich war damals 18 Jahre alt und wußte von solchen Dingen viel weniger als später, aber es war mir klar, daß Hilde gemütskrank war, mit gewissen Verwirrungserscheinungen, was man im Volksmund in Wien »übergeschnappt« nannte. Marcel Goldscheider konnte diese Anzeichen von Verwirrung offenbar nicht ertragen und hatte versucht, sie durch Ohrfeigen zu kurieren.

Ich machte mir, so tapfer oder unverschämt ich konnte, seine Selbstvorwürfe darüber zunutze und sagte ihm, kaum, daß Hilde das Zimmer wieder verlassen hatte, daß dies absolut unmöglich sei und die Sache nur ärger mache. Ich erklärte ihm, wobei ich sogar bewußt übertrieb, um ihn zu beeindrucken, ich habe viel darüber gelesen, und dies sei ein sogenannter Schub. Es sei viel ratsamer, Sinnausrutscher dieser Art entweder taktvoll zu übergehen oder ernstzunehmen und ehrlich darauf zu reagieren, was noch besser sei. Keinesfalls aber dürfe er sie anschreien, beschimpfen oder gar schlagen. Seine Frau stimmte mir nachdrücklich zu.

In den nächsten Wochen ging ich mit Hilde, die sonst nur zu Hause hockte und ihre Eltern nicht aus dem Haus begleiten wollte, gelegentlich aus. Wir gingen im Park oder auf Hampstead Heath spazieren. Sie wohnte ganz nahe von dort, in einer Seitengasse von Haverstock Hill. Manchmal nahm ich sie zu Freunden mit, die ich darauf vorbereitet hatte, daß sie sich mit Verständnis benehmen müßten, wenn Hilde beim Gespräch den Faden verliere oder sonst irgendwie wirr sei. Das kam dann aber nur selten vor. Einmal besuchte ich sie auch, als sie gerade modellierte. Da erzählte sie mir von einer neuen Idee, die sie gehabt habe, wobei sie ungemein mitteilsam und gesprächig wurde.

»Weißt du, Erich, ich glaube, das ist eine großartige Erfindung. Ich will mir das patentieren lassen. Es gibt gewisse Arten Ton – Ton…«, hier unterbrach sie sich, sah den Töpferton in seinem nassen Tuch an, dann ihre Finger, wiederholte dabei noch mehrmals leise das Wort Ton und fuhr schließlich fort, als ob sie nie gestockt hätte, »gewisse Arten Ton, die hört man dann eben in der Nacht! Die sagen Sachen, die man als Kind gesagt hat, oder die man nicht einmal gesagt hat aber eigentlich sagen wollte, oder sie sagen, was man sich jetzt denkt, und weil wir als feindliche Ausländer jetzt doch unsere Radioapparate abgeben mußten und nachts zu Hause bleiben müssen, glaube ich, man könnte aus diesem Ton Figuren machen und sie zu Hause aufstellen und ihnen zuhören wie einem Radioapparat. Das ist aber eine ganz neue Entdeckung von mir, und damit könnte man sicher viel Geld verdienen, und dann wäre ich frei und unabhängig und könnte sogar noch meinen Eltern was geben und könnte überhaupt tun, was ich will.«

Irgendwie wurde ich meinem eigenen Vorsatz untreu, völlig ehrlich auf ihre Worte einzugehen. Ich sagte, so ruhig ich konnte, ich müsse darüber erst nachdenken, und überhaupt sei das mit Patenten ungeheuer kompliziert. Wir könnten ja nächstes Mal darüber sprechen. Sie wendete nichts ein, aber mit ihrer Gesprächigkeit war es für diesmal vorbei, als habe sie meine Unehrlichkeit sofort bemerkt. Ich konnte damals aber nicht anders reagieren, denn sonst hätte ich einfach losgeheult. Später allerdings dachte ich, es wäre wahrscheinlich besser gewesen, wenn ich zu weinen begonnen hätte.

Hilde sprach in den nächsten Tagen nicht mehr von den redenden Tonfiguren, dafür aber nahm mich ihr Vater beiseite. Er sei unendlich dankbar dafür, daß ich seiner Tochter zu einiger Zerstreuung helfe, und das tue ihr anscheinend auch sehr gut. Er sei auf eine Idee gekommen, wie man ihr vielleicht wirklich helfen könne. Er könne ein Haus mieten, schön gelegen, mit Garten, und dort könne ich sie einladen und könne sie vielleicht verführen, denn weil anscheinend diese auseinandergegangene Liebesgeschichte ihr so nahegegangen sei, könne sie das vielleicht heilen.

Ich war über und über rot geworden. Plötzlich kam mir Hilde schöner und begehrenswerter vor als je zuvor, aber noch viel entschiedener als irgendeine Neigung, auf diesen verzweifelten Vorschlag einzugehen, war meine Angst, die mir fast die Sprache verschlug. Das hatte auch mit meinen eigenen Problemen, mit Schüchternheit und relativer Unerfahrenheit zu tun. Außerdem war ich überzeugt davon, daß dies keine mögliche Heilungsmethode sei. Ich glaubte zu wissen, woher er seine Idee habe:

»Herr Goldscheider«, fragte ich, »haben Sie vielleicht eine Novelle von Paul Heyse gelesen, in der ein verlassenes Mädchen namens Carmela geheilt wird? Es kommt ein Lied darin vor, das anfängt:

Carmela, dir zu Füßen,
mein Aug' in deinen Augen…«

Ja, die habe er gelesen, schon vor Jahren, aber sie sei ihm gestern wieder eingefallen, und jetzt in der Nacht habe er sie wieder gelesen. Das sei doch auch so ein Fall.

»Ja, darum ist mir die Novelle ja eingefallen. Aber erstens glaube ich, daß dort die äußeren Umstände viel günstiger sind. Zweitens glaube ich, daß so etwas höchstens ein Mal unter tausenden gelingt, und hier, wo das Unglück noch überhaupt nicht lange zurückliegt und ich auch sicher für sie nicht so anziehend bin, wie ihr Freund es war, von dem sie sich ja auch gar nicht verlassen, sondern nur weggerissen fühlt,… durch die Zeitumstände«, setzte ich schnell und nicht sehr tapfer hinzu, um ihn nicht zu Argumenten, warum das nicht seine Schuld sei, zu bringen. Ich benutzte diese Unterbrechung auch, um Atem zu schöpfen. Dann sagte ich: »Nein, ich kann noch darüber nachdenken, aber ich glaube bestimmt, ich fühle mich dieser Aufgabe nicht gewachsen.« Ich schlug einen ebenfalls aus Österreich nach London geflohenen Psychoanalytiker vor, Dr. Erich Hoffer, bei dem man Rat suchen könne. Die Goldscheiders gingen auch zu ihm, aber er sagte, so einen Fall könne ein Analytiker nicht behandeln. Das entsprach durchaus der damals unter Psychoanalytikern noch vorherrschenden Lehrmeinung. Es war das Jahr 1939.

Hilde Goldscheider kam in psychiatrische Behandlung. Eine Insulinschocktherapie wurde verordnet. Ob sie Erfolg gehabt hätte oder nicht, kann nicht gesagt werden, denn man wußte damals noch nicht, daß während einer Insulinschockbehandlung die Widerstandskraft des Patienten gegen grippeartige Infektionen gefährlich verringert ist. Hilde erkrankte an Grippe und war nach vier Tagen tot.

Ich habe ihre Eltern nach dem Begräbnis nicht wiedergesehen, weiß aber seit Jahren, daß sie längst gestorben sind, so daß es keinen Grund mehr gibt, die richtigen Namen zu verschweigen.

Nach Hildes Tod machte ich mir natürlich Vorwürfe. Ich hätte vielleicht doch auf den Plan ihres Vaters eingehen sollen, sagte ich mir. Unglücklicher als die Insulinschocktherapie hätte das auch nicht ausgehen können. Ich kam auch zum Ergebnis, der Hauptgrund meiner entsetzten Ablehnung sei nicht die sehr geringe Erfolgschance von Marcel Goldscheiders verzweifeltem Plan gewesen, oder gar, daß mein Interesse für Hilde nicht ausgereicht hätte, sondern einfach meine eigene Schüchternheit. Gewiß, ich glaubte noch immer kaum an die Ratsamkeit der Heilungsmethode in Paul Heyses Novelle, in der der liebende Mann, der die Heldin, Carmela, rettete, nicht etwa als Verführer mit ehrenhaften Absichten zu Werke ging, sondern souverän äußere Umstände inszenieren konnte, die in allen Einzelheiten denen, die zu Carmelas Verwirrung geführt hatten, glichen und dadurch einen heilenden Schock auslösten. In Hildes Fall, sagte ich mir, hätte es eines noch viel größeren Wunders bedurft, wenn ein neues Liebeserlebnis ihr hätte helfen sollen. Aber sogar um diese allerletzte, ganz geringe Möglichkeit eines Wunders zu ihrer Rettung war Hilde nun gebracht worden, unwiederbringlich, durch meine Feigheit. Ich wußte auch nicht einmal, ob die Liebe Hildes und des jungen Mannes nicht überhaupt, so wie die enttäuschte erste Liebe Carmelas in der Novelle, nur eine platonische, noch gar nicht ganz und gar erlebte, gewesen war, worauf vieles hinzudeuten schien. Auch das wäre nicht unwichtig für den nun nicht mehr nachholbaren Versuch gewesen. Und wie, fragte ich mich, hätte ich mich wohl verhalten, wenn ich nicht selbst so gut wie völlig unerfahren gewesen wäre? Diese Unerfahrenheit, die ich sonst nicht leicht zugegeben hätte, machte ich mir nun zum Vorwurf: Unverzeihliche Unzulänglichkeit.

Wochenlang war ich wie gelähmt. Ich konnte nicht lesen, und ich konnte auch nichts schreiben, obwohl ich mir doch vorgenommen hatte, Schriftsteller zu werden und keinen Tag verstreichen lassen wollte, ohne wenigstens eine Zeile zu schreiben. Den Satz Nulla dies sine linea, den ich in der Schule gelernt hatte, nahm ich wörtlich.

Es dauerte lange, ehe ich wieder etwas schrieb, und noch viel länger, ehe ich etwas zum Andenken an Hilde schreiben konnte. Als ich endlich ein Gedicht für sie schrieb, war es zwar scheinbar von herkömmlicher Form, ein Sonett, enthielt aber etwas für mich Neues, die Verwendung von Worten mit zweierlei Bedeutung, oder auch von Anklängen dieser Art, wie etwa *schön*, *schon* und *schonen*. Dieses Kunstmittel, das ich für mich »ernsthaftes Wortspiel« taufte, wurde mir später mehrmals als literarische Spielerei vorgeworfen. Wie wenig Spielerei es in Wirklichkeit war, wußte ich, weil ich dieses erste Gedicht, wie ich es damals geschrieben habe, immer im Kopf hatte:

Ton

Krug war der Krug schon lange vor dem Zerschellen,
nur nicht so ganz wie ganz zuletzt im Vergehn.
Kann nur fallender Ton in uns tönend geschehn?
Kann uns wirklich nur helles Zerklirren erhellen?

Und nur der Krüge? Nahn wir noch zärtlich genug
trotz der Gewöhnung den andern, mit denen wir wohnen?
Scheint uns die Rundung an jenen belebteren Tonen
schön und zum Schonen, schon eh unsre Hast sie zerschlug?

Denn so voll Leben ist wenig, wie Töten und Sterben.
Offen, dem Mund gleich, der auf ewig sich schließt,
aufgetaner als je das Gefäß sind die Scherben,

zwischen denen ein lange Gehegtes verfließt.
Und die Erde wird trinken und wird sich verfärben,
ob es Wein oder Blut ist, was man vergießt.

Mein Stipendium

Ein Stipendium zur Förderung meiner literarischen Tätigkeit hatte ich eigentlich nie, obwohl ich es am Anfang meines Londoner Exils dringend gebraucht hätte.

Das German Jewish Refugee Committee, das Flüchtlingskomitee in London, hatte im Spätherbst 1938 die Förderung meiner erklärten Berufsabsicht, ein deutscher Dichter zu werden, mit den Worten abgelehnt: »Junger Mann, Sie sind 17 Jahre alt. Je früher Sie sich diese Wahnideen aus dem Kopf schlagen, desto besser wird es für Sie sein.«

Und doch hat dieses selbe Komitee mir wenig mehr als ein Jahr danach etwas wie ein Stipendium gewährt, wenn auch aus ganz anderen Gründen und nicht als ein Stipendium deklariert. Nichtsdestoweniger war es dieses Geld, das mir Gelegenheit gegeben hat, ein Jahr lang viel zu schreiben und auf diese Art sozusagen ins Schreiben hineinzukommen.

Mit meinen Plänen, ein deutscher Dichter zu werden, mit meinem Aufmucken gegen verschiedene Regelungen des Komitees, in dem ich 1939/40 ein ganz untergeordneter Hilfsangestellter war, wenig mehr als ein Träger von Akten zwischen dem Archiv und den verschiedenen Büros, zog ich mir, glaube ich, binnen sehr kurzer Zeit den Haß des untersetzten und etwas jähzornigen Personalchefs zu.

Einmal hatte ich mich über die Anweisung beschwert, daß jeder Angestellte, der dabei ertappt werde, Deutsch zu sprechen, ob im Gebäude oder auf der Straße, sofort entlassen werde. »Wie soll ich mit den alten Flüchtlingen sprechen, die etwas wollen und kein Wort Englisch können?« hatte ich gefragt. Er werde die Sache höheren Ortes melden, sagte der Personalchef mit etwas drohendem Unterton.

Einige Zeit nach Kriegsausbruch hatte ich einen an sich belanglosen Streit mit Captain Davidson, einem eitlen ältlichen Offizier, der die Flüchtlinge unter Androhung der Internierung oder mindestens des Entzugs ihres mageren

Unterstützungsgeldes in die Armee zu pressen versuchte, noch dazu, als noch nicht einmal feststand, ob England nicht doch noch gemeinsam mit Hitler den Kampf gegen die Sowjetunion aufnehmen werde. Eigentlich grollte Captain Davidson, weil ich eine seiner schäbigen Werbekampagnen zum Scheitern gebracht hatte, aber da er dagegen nichts tun konnte, beschwerte er sich beim Personalchef über mich, weil ich ihm, als ich gerade Aktendienst hatte, zu einer Abendstunde, in der der einzige Aufzug des Komitees ausschließlich für den Transport unserer Akten reserviert war, die Benutzung des Aufzugs, um hinauf und dann hinunter zu fahren, verweigert hatte, obwohl er mich unmißverständlich auf seinen hohen Offiziersrang aufmerksam gemacht hatte.

Wenige Tage später stürzte unser Personalchef wutschnaubend in mein kleines Büro und beschuldigte mich, eine Akte gestohlen zu haben. »Unsinn«, erwiderte ich. »Warum sollte ich denn eine Akte stehlen? Wahrscheinlich ist sie bei Miss Stiebel, wo immer alles steckenbleibt.«

»Dann kommen Sie sofort mit«, schnauzte er mich an. Er packte mich am Arm und zerrte mich aus meinem Büro auf den Gang, an dessen anderem Ende Miss Stiebel ihr zehnmal so großes Büro hatte. »Lassen Sie meinen Arm los«, verlangte ich einmal und nach einigen Schritten noch ein zweites Mal. Erfolglos. Er zerrte mich weiter. Dann, plötzlich, standen um uns herum gaffende Komiteeangestellte. Was war los? Dem Personalchef war die Pfeife aus dem Mund gefallen. Mit einer Hand hielt ich seine Krawatte fest, meine andere Hand befand sich in Bewegung. Ach, ich ohrfeigte ihn offenbar, und zwar immer noch. Bevor ich mir noch darüber im Klaren war, hatte ich ihm schon wieder eine Ohrfeige gegeben, die dritte, vierte oder vielleicht die fünfte.

Die Umstehenden lachten zwar, trennten uns aber nach einigen Sekunden. Keine fünf Minuten später hatte sich die fehlende Akte tatsächlich in Miss Stiebels Büro gefunden. Miss Stiebel hatte zu entscheiden, was geschehen solle. Ich hatte den Personalchef vor allen Leuten, auch vor seinen eigenen Untergebenen, geohrfeigt und mich dadurch als Angestellter des Hilfskomitees unmöglich gemacht. Er aber hatte mich fälschlich des Diebstahls beschuldigt, und meine Empörung war berechtigt. Die Entscheidung lautete schließlich, daß ich ein Jahr lang mein volles, wenn auch sehr bescheidenes Gehalt, einunddreißig Shilling und Sixpence, per Post ausgezahlt bekommen würde, unter der Bedingung, daß ich mich verpflichtete, keinen Fuß ins Flüchtlingskomitee zu setzen.

Dies wurde, weil ich dieses Jahr zum Schreiben verwendet habe, das erste und einzige literarische Stipendium meines Lebens.

Aus dieser Sache ergeben sich mehrere Fragen. Hätte ich den Personalchef lieber nicht ohrfeigen, sondern meine Würde wahren und auf die Auffindung der Akte warten sollen? Zweifellos, aber dann wäre mir wahrscheinlich nur eine Entschuldigung des Personalchefs zuteil geworden und kein Stipendium. Oder hätte ich das Geld als faule und unzulängliche Konfliktlösung ausschlagen sollen? Gewiß, aber damit wäre mein Schreiben ohne Förderung geblieben. Oder hätte ich mich bei dem Personalchef nachträglich für die Ohrfeigen entschuldigen sollen? Das könnte ich vielleicht jetzt, als abgeklärter Mann, aber damals hätte ich es nicht übers Herz gebracht.

Ich weiß bis heute nicht, was das Richtige gewesen wäre. Übrigens, als der Personalchef mich viele Jahre später in West Hampstead beim Einsteigen in sein Auto auf der Straße sah, grüßte er mich äußerst freundlich und herzlich. Vielleicht hatte er vergessen, wer ich war.

Läzchen

Zum ersten Mal seit mehr als vierzig Jahren habe ich von ihm geträumt, von ihm und von Eva. Nicht nur geträumt, sondern im Traum ist mir zum ersten Mal eingefallen, daß sein Name Lazar eigentlich eine Abkürzung von Lazarus war. Und natürlich träumte ich auch, daß ich sagte: »Steh auf und wandle.« Aber ich war nicht Jesus von Nazareth, und Herbert Lazar war nicht Lazarus aus dem Evangelium, und ein Traum ist kein Wunder oder tut wenigstens keine Wunder, und so wandelte niemand, und ich war nach dem Erwachen ein wenig verwirrt, zehn oder zwanzig Sekunden lang. Nicht einmal soviele Sekunden, wie seit damals Jahre vergangen sind.

Wir nannten ihn nie Herbert oder gar Lazar, sondern immer Läzchen. Er war Wiener wie ich, aber die meisten von uns waren Deutsche, daher die deutsche Verkleinerungsform Läzchen. Er war auch ungefähr so alt wie ich, achtzehn oder neunzehn Jahre, und irgendwer, ich weiß nicht mehr, ob Max oder Anni oder Gerti, hatte ihn in unseren kleinen Kreis junger deutscher und österreichischer Flüchtlinge gebracht, der sich damals, im Frühling 1940, ein, zweimal die Woche in London, West Hampstead, traf. Wir versuchten uns gegenseitig zu helfen, einander Arbeit zu verschaffen, auch Adressen in neutralen Ländern, über die wir versuchen wollten, mit unseren im Hitlerreich steckengebliebenen Angehörigen und Freunden Verbindung aufzunehmen. Wir berieten über Fluchtmöglichkeiten für sie und Berufsmöglichkeiten für uns, verhalfen einander auch gelegentlich zu einer Unterkunft, was nicht ganz leicht war, weil wir seit Kriegsausbruch, obwohl Flüchtlinge, offiziell als »feindliche Ausländer« registriert waren, was vielen englischen Vermietern zu verdächtig erschien, um derlei Leute noch in ihren Häusern zu dulden oder neu aufzunehmen, namentlich jetzt, da Frankreich gerade zusammenbrach.

Stephan und ich teilten ein Dachzimmer in Nummer 67, Priory Road, West Hampstead, und uns ging es gut, wenn auch nur dank eines Mißverständnisses unseres Hausherrn, eines sehr trinkfreudigen und dann besonders jovialen Menschen. Die Sneeds waren um die fünfzig, er war Anwalt und kam erst spät am Abend nach Hause, sie war zwar nicht viel weniger trinkfreudig als er, machte sich aber unermüdlich im Haus zu schaffen, dem Aussehen und Charakter nach einer intelligenten, gewandten grauen Ratte nicht unähnlich.

Eines Abends hatte Mr. Sneed meinen Freund Stephan und mich in die gute Stube gerufen, hatte uns aufgefordert, mit ihnen am Kaminfeuer Platz zu nehmen, das zwar in Wirklichkeit nur ein elektrischer Heizkörper war, aber nach damaliger Mode verschönt mit durchscheinenden gelben und roten Kohlen aus irgendeiner Plastikmasse, hinter denen mit Hilfe der glühenden Heizdrähte ein sinnreiches, durch die Wärme bewegtes Räderwerk den Eindruck von flackernder Glut erwecken sollte. Wir mußten ein Glas Port mit Mr. und Mrs. Sneed trinken, dann stand Mr. Sneed auf, räusperte sich und eröffnete uns, wir sollten in seinem Haus nur ja keine Angst vor der plötzlichen Abneigung gegen feindliche Ausländer haben. Für ihn seien wir einfach Deutsche, und die Deutschen seien die natürlichen Verbündeten der Engländer – »Heil Hitler!« Damit waren wir in Gnaden entlassen. Eine Richtigstellung hätte den unmittelbaren Verlust unseres Zimmers zur Folge gehabt.

Die Leutseligkeit der Sneeds ermöglichte es uns, die Treffen unseres kleinen Kreises ungestört in Priory Road abzuhalten, obwohl Mrs. Sneed ihrer Natur nach eigentlich eine ziemlich strenge Hauswirtin war.

Zu einem dieser Treffen kam dann auch Läzchen, ein freundlicher, schmächtiger, braunhaariger Junge, gutmütig, sehr kurzsichtig, mit auffallend dicken Brillengläsern. Zum Unterschied von den meisten anderen konnte er aber nicht regelmäßig kommen, denn er wohnte nicht in London, sondern unten in Kent, nahe der Küste, im sogenannten Kitchener Camp bei Sandwich. Das Kitchener Camp war ein altes Soldatenlager, das angeblich seinerzeit von Lord Kitchener errichtet worden war. Schon längere Zeit vor Kriegsausbruch war es dem jüdischen Flüchtlingskomitee zur Verfügung gestellt worden, und dort wurden jene deutschen und österreichischen Flüchtlinge untergebracht, für die das Komitee weder Arbeit noch Unterkunft gefunden hatte. Sie wohnten in bequemen Baracken, auch die Verpflegung war gut, aber sie durften ohne Ausgangserlaubnis das Lager nicht verlassen. Obwohl sie in Wirklichkeit längst an mehreren Stellen geheime Gänge unter die Umfriedung gegraben hatten, durch die sie nach Wunsch aus- und einschlüpfen konnten, um Mädchen aus Richborough oder Sandwich zu treffen oder um sich von vorüberfahrenden Autos nach London mitnehmen zu lassen und dort Arbeit und Unterkunft zu suchen, ja obwohl sie durch die Kriechgänge sogar Gäste ins Lager einschmuggeln konnten, die dort mitverpflegt wurden, murrten die Männer, die zum Teil erst knapp vor ihrer Englandfahrt aus dem Konzentrationslager gekommen waren und sich nun wieder in einem Lager befanden. Einige Verbitterte verstiegen sich sogar zu der Behauptung, das Kitchener Camp sei ärger als Dachau, und auch das Essen sei schlechter als im KZ, was natürlich nicht stimmte. Ich hatte kurz vor Kriegsausbruch auf Läzchens Einladung hin, und auch um zu sehen, wie die Menschen dort lebten, selbst eine Woche als heimlich eingeschleuster Gast dort verbracht und noch nie, seit ich Wien verlassen mußte, so gut gegessen.

Nun, auch Läzchen sah sich in London nach einer Unterkunft um und wollte Verwandte auffinden, was ihm schließlich auch gelang.

Eines Abends, als er seine Verwandten noch nicht gefunden hatte, wollte er nochmals ausgehen, um irgendwen zu besuchen, aber weil er als »feindlicher Ausländer« nach Mitternacht nicht auf der Straße sein durfte und auch unmöglich noch am selben Abend ins Kitchener Camp zurück konnte, hatten wir vereinbart, ihn heimlich bei uns übernachten zu lassen. Unsere Hauswirtin hätte das nie gestattet. Er sollte bei der Rückkehr vor unserem Fenster pfeifen. Besser wäre es gewesen, ihm einen Schlüssel zu leihen, aber uns das einfallen zu lassen, waren wir noch zu unerfahren. Stattdessen hatten wir einen ziemlich komplizierten Pfiff vereinbart und miteinander geprobt.

Es wurde ziemlich spät, ehe Läzchen endlich pfiff. Ich lief zur Tür, aber zu meinem Entsetzen war Läzchen nicht allein im Vorgarten. Er hatte das, kurzsichtig und tapsig

Erich Fried 1947/48 in London

wie er war, nicht bemerkt, aber wenige Schritte hinter ihm stand ein schweigender Beobachter, ein Polizist, dem er offenbar durch sein Pfeifen und durch seine ausländische Kleidung aufgefallen war.

Als ich die Tür geöffnet und Läzchen begrüßt hatte, trat der Polizist vor: »Wohnt dieser junge Mann hier?«

»Ja, natürlich», sagte ich.

»Nein, natürlich nicht«, widersprach Mrs. Sneed, die auch zur Tür gekommen war, ohne daß ich das gemerkt hatte: »Ich habe ihn noch nie gesehen.«

Der Polizist dankte ihr. Dann, zu Läzchen gewandt: »Kommen Sie mit auf die Polizeistation.« Läzchen schickte sich wortlos an, ihm zu folgen.

»Einen Augenblick«, bat ich. »Ich ziehe mir nur den Mantel an und komme mit. Ich glaube, ich kann den Fall aufklären. Wenn irgendwer, so bin ich schuld.«

Der Polizist wartete. Ich schloß schweren Herzens die Haustür hinter mir, und wir setzten uns in Bewegung, die

Priory Road entlang, auf Broadhurst Gardens zu. Die Polizeistation war gar nicht weit entfernt, um die übernächste Ecke, in Westend Lane.

»Sie wissen genau, daß Sie nicht unangemeldet übernachten dürfen«, sagte der Polizist zu Läzchen. Es war ein Mittelding zwischen einer Feststellung und einer Frage.

Ich mischte mich ein: »Ich weiß nicht, ob er die Regeln so gut kennt. Ich hatte ihm angeboten, bei uns zu übernachten. Und ich glaubte, man dürfe nur nach Mitternacht nicht auf der Straße sein. Und überhaupt, bedenken Sie doch die menschliche Seite der Sache!« Ich begann Läzchens Lage als Flüchtling vor Hitler zu erklären und die bittere Notwendigkeit, Arbeit und Unterkunft zu finden, denn es sei ein offenes Geheimnis, daß man die, die im Kitchener Camp blieben, viel zu nahe der Küste, wahrscheinlich sehr bald einfach internieren werde, um sie von dort wegzuschaffen.

Der Polizist blieb stehen und sah uns an. »Um Ihnen die Wahrheit zu sagen, ich bin selbst auch Jude. Ich verstehe das sehr gut, daß diese Einstufung als ›Feindliche Ausländer‹ Unsinn und eine Ungerechtigkeit ist. Wir wollen sehen, was sich tun läßt.«

Mittlerweile waren wir in Westend Lane angekommen; vor uns tauchte, wenn auch wegen der Verdunkelung fast völlig abgeblendet, die blaue Laterne der Polizeistation auf, zu unserem Erstaunen aber ging der Polizist weiter. »Kommen Sie mit.«

Wir gingen die Westend Lane hinunter, überquerten gleich nach der Polizeistation die links abzweigenden West Hampstead Mews, dann Compayne Gardens, Cleve Road und Woodchurch Road. Erst in die nächste Seitengasse, Acol Road, bogen wir nach links ein und dann wieder nach links, in die Priory Road, zurück zu unserem Haus. Der Polizist klingelte, und Mrs. Sneed öffnete die Haustür.

»Wir waren auf der Polizeistation«, sagte der Polizist, »und haben die Sache untersucht. Am besten wäre es, wenn der Junge heute bei Ihnen übernachten dürfte. Wir können dafür auch bezahlen, was zu bezahlen ist.«

»Nein, nein. Es ist mir ein Vergnügen, helfen zu können!« wehrte sie ab, auf einmal wieder überfließend vor Freundlichkeit. »Wenn *Sie* es sagen, und wenn es doch ein

Freund unserer Mieter ist!« Wir verabschiedeten uns von dem Polizisten, dem wir, weil Mrs. Sneed in Hörweite blieb, nicht einmal so danken konnten, wie wir eigentlich wollten.

Damit war Läzchen vor der Internierung gerettet, die ihm sicher gewesen wäre, wenn die Sache wirklich auf die Polizeistation gekommen wäre, und ich weiß noch, ich war ein wenig stolz auf meine Rede, die das verhütet hatte. Läzchen fand am nächsten Tag wirklich seine Verwandten und konnte bei ihnen wohnen. Von da an nahm er etwa zwei Monate lang regelmäßig an unseren Zusammenkünften teil. Wir argumentierten heftig. Läzchen war zum Unterschied von uns anderen überzeugter Zionist, allerdings ein Anhänger Martin Bubers, der die Palästinenser nicht verdrängen oder als Bürger zweiter Klasse behandeln wollte, sondern an Gleichheit und Brüderlichkeit glaubte. Wir versuchten ihm zu erklären, das sei eine Illusion, und in Wirklichkeit werde es den Palästinensern sicher schlecht ergehen.

»Nein! Ich werde euch das Gegenteil beweisen! Ich fahre nächste Woche hin!« eröffnete uns Läzchen eines Abends triumphierend. Er hatte einen Platz auf einem illegalen Transport ergattert und war überglücklich. Obwohl wir politisch nicht seiner Meinung waren, wünschten wir ihm alles Gute und baten ihn, uns ausführlich zu schreiben, denn wir hatten ihn alle gern.

Es kam kein Brief von ihm, und er bewies uns gar nichts. Wir waren aber über sein Stillschweigen nicht allzu erstaunt, denn die plötzliche Übersiedelung in eine völlig andere Umgebung bedeutet oft, daß man die Verbindung mit seinen alten Bekannten verliert.

Ein, zwei Monate danach wurde unsere kleine Gruppe auch durch die Wechselfälle des Krieges zerstreut. Erst Jahre später hörte ich zufällig, wie es Läzchen weiter ergangen war. Es wäre besser für ihn gewesen, wenn ich damals nichts zu dem Polizisten gesagt hätte und wenn Läzchen interniert worden wäre.

Der illegale Transport, mit dem er nach Palästina fahren wollte, hatte kein Glück. Das Schiff, ein elender alter Kasten, ein richtiger schwimmender Sarg, wurde von den Engländern kurz vor der Landung aufgebracht, und die

Passagiere kamen erst nach vielen Monaten Internierung auf Zypern nach Palästina. Alle außer einem, Läzchen. Ihm war das Mißgeschick widerfahren, daß an Bord seine Brille zerbrach. Ohne seine Brille aber war der kurzsichtige Junge so gut wie blind, was ihn noch unsicherer und tapsiger machte. Als die Engländer das Schiff aufgebracht hatten und englische Soldaten an Bord kamen, kommandierte einer: »Zurück da, alle!« Alle wichen zurück, nur der seiner Brille beraubte Junge setzte sich prompt nach der falschen Richtung in Bewegung. »Zurück da, oder ich schieße!« rief der Soldat noch einmal. Als Läzchen seinen Weg blindlings fortsetzte, schoß er.

Läzchen ist in den Armen eines Mädchens, das sich auf dem Transport in ihn verliebt hatte, gestorben. Der englische Soldat beugte sich ratlos über ihn. Läzchens letzte Worte waren: »Es war nicht seine Schuld. Ich bin nach der falschen Richtung gelaufen. Sorry.«

Das Mädchen hieß Eva Tannenbaum und war sehr schön. Sie fühlte sich in Palästina und erst recht später im unabhängigen Israel nicht wohl, weil sie die Art, wie die Palästinenser von den Siedlern und Einwanderern behandelt wurden, nicht mochte. Sie kam nach England, wo ich sie zufällig kennenlernte. Später hat sie einen New Yorker Mathematiker geheiratet und hat sich einige Jahre nachher in Amerika samt ihrem kleinen Kind das Leben genommen.

Wenn man älter wird, als sie geworden sind, tauchen die Toten manchmal auf, unversehens in einer zufälligen Erinnerung, oder nachts im Traum. Aber sie stehen nicht auf, und sie wandeln nicht.

Ottokar Kernstock

Ottokar Kernstock war das, was man in Österreich einen Geistlichen Herrn nannte und immer noch nennt. Er war Abt des Klosters Vorau. Außerdem hat er sich als österreichischer Heimatdichter versucht und hat im Ersten Weltkrieg grimmige hurrapatriotische Kriegsgedichte und nach der Niederlage eine sehr pathetische Österreichhymne geschrieben (später auch offizielle Bundeshymne), die anfing

Sei gesegnet ohne Ende,
Heimaterde wunderhold!
Freundlich schmücken dein Gelände
Tannengrün und Ährengold.

und die in den Worten gipfelte

Starken Mutes, festen Blickes,
Trotzend jedem Schicksalsstreich
Steig empor den Pfad des Glückes!
Gott mit dir, mein Österreich.

Keine zwanzig Jahre später, als Hitlers Truppen Österreich besetzten und für die Dauer des Dritten Reiches abschafften, veröffentlichten die neuen Herren auf einer Postkarte mit roter Hakenkreuzflagge, die kurz nach Hitlers Einmarsch in Riesenauflage erschien, ein neues Gedicht von Ottokar Kernstock:

Das Hakenkreuz im weißen Feld
Auf feuerrotem Grunde
Hat uns mit stolzem Mut beseelt.
Es schlägt in unsrer Runde

Kein Herz, das feig die Treue bricht.
Wir fürchten Tod und Teufel nicht:
Mit uns
Ist Gott im Bunde.

In Wirklichkeit waren diese begeisterten Verse nur ein Teil eines längeren Hymnus auf das Hakenkreuz, zu dem seine Muse den Abt von Vorau schon 1923 verführt hatte, gar nicht lang nach seiner Hymne auf Österreich. Angeblich sollen ihm in seinen letzten Lebensjahren – zur Zeit des Hitlereinmarsches war er schon zehn Jahre tot – sogar noch leise Zweifel am Hakenkreuz aufgestiegen sein. Wenigstens behaupteten das seine Apologeten nach Hitlers Ende.

Aber der Hymnus auf das Hakenkreuz war, wie das mancher Dichtung ergeht, so gut wie unbekannt geblieben, und die Verse auf der Hakenkreuzpostkarte wirkten frischgebacken und schienen von einer höchst zeitgemäßen Sinnesänderung des Dichters der Österreichhymne zu zeugen. Mich jedenfalls, der ich nicht einmal vom Tod des Dichters wußte, und dem die Verse auf der Postkarte sozusagen herrlich wie am ersten Tag entgegenleuchteten, hätten sie kurz nach Hitlers Einmarsch in Wien beinahe Kopf und Kragen gekostet. Ich war damals siebzehn Jahre alt und hatte eine Schwäche für Papierhandlungen, deren Schaufenster mich auch heute noch immer anziehen. So hatte ich gerade im Schaufenster einer Papierhandlung die Karte mit der Hakenkreuzfahne und dem funkelnagelneuen Gedicht entdeckt.

Der Drucker aber hatte eine poetische Feinheit des Dichters nicht verstanden, ein sogenanntes Enjambement, eine Satzkonstruktion, die einen Satz unbeschadet der Reime von der ersten in die zweite Strophe ziehen wollte. Ottokar Kernstock hatte geschrieben »Es schlägt in unsrer Runde kein Herz, das feig die Treue bricht.« Der Drucker aber hatte ahnungslos nach dem Reimwort *Runde* einen Punkt gemacht, weil damit ja die erste Strophe zu Ende war. So wurde nun auf der Karte vom Hakenkreuz ausgesagt: »Es schlägt in unsrer Runde.« Das war nun allerdings, abgesehen von den Farbangaben weißes Feld, feuerroter Grund, das einzig Wahre an dem ganzen Gedicht. Das Hakenkreuz hatte wirklich in der Runde zugeschlagen, und arg genug. Angesichts dieser unfreiwilligen Wahrheit lachte ich laut auf, sah aber im nächsten Augenblick, daß neben mir ein riesiger SA-Mann stand, der mich übelwollend anstierte. Nun, es gelang mir, nicht gerade

Ottokar Kernstock
1926

davonzulaufen, aber doch in sehr schnellem Tempo fortzugehen und um die nächste Ecke zu biegen.

Die Zeit verging. Hitler führte das besetzte Österreich, das nun Ostmark hieß, ebenso wie sein ganzes Reich in den Krieg.

Als viele Millionen tot und ermordet waren und das Dritte Reich zertrümmert war, entstand die Zweite Republik Österreich, mit einer neuen Nationalhymne von anderer Hand. Aber dem alten Wechselbalg Ottokar Kernstock haben mindestens einige Österreicher ein liebevolles Andenken bewahrt. Bis heute gibt es einen Ottokar-Kernstock-Platz und eine Ottokar-Kernstock-Straße. Wie hieß doch die Inschrift auf den alten Dolchen der Hitlerzeit? »Die Treue ist das Mark der Ehre.«

Mißtrauen lernen

Zu Weihnachten 1985 fand ich erstaunt heraus, daß schon 50 Jahre vergangen waren, seit Kurt Tucholsky, für mich immer noch einer der Lebendigsten der neueren deutschen Literatur, sich das Leben genommen hatte. Er konnte das Jammerdasein der Emigration, das er ringsum aufwachsen sah, und die Nachrichten aus Hitlers Drittem Reich nicht mehr ertragen. Das Hitlerregime war in seinen Augen kein unglücklicher Zufall der Geschichte, sondern die logische Folge dessen, daß die Politiker der Weimarer Republik meist elend schlechte Demokraten und Republikaner waren. Auch unser Nachkriegsmärchen, Schuld am Untergang der Republik trügen die Kommunisten nicht weniger als die Nazis, hatte er schon gehört und verächtlich abgetan. Gerade er hat ja die wahren Schuldigen in seinen Schriften von Anfang an angeprangert und hat vergeblich gewarnt. Allerdings, auch über das jämmerliche Verkommen der Kommunistischen Parteien durch den Stalinismus hat Tucholsky sich nichts vorgemacht.

Ich weiß noch, wie erschüttert ich war, als ich seinen bitteren Brief an Arnold Zweig las, eine Art Abschiedsbrief, geschrieben eine Woche vor seinem Tod. Die Schicksale dieses Briefes haben mich später das Mißtrauen gelehrt.

Ich las ihn in der WELTBÜHNE, die aber nun im Exil erschien, als NEUE WELTBÜHNE unter einem neuen Redakteur, nicht mehr Ossietzkys und Tucholskys alte WELTBÜHNE. – Ein Einleitungssatz der Redaktion war mir schon damals unangenehm: »In verzweifelter Stimmung hat Tucholsky manches schroff, überschroff formuliert. Ein privater Briefwechsel enthält oft für die öffentliche Diskussion ungeeignete Wendungen, und so mußte dieser Brief an mehreren Stellen gekürzt werden.«

War das eine Art Zensur, fragte ich mich. Was für ein Eingriff in eine gar nicht privat gemeinte Briefstelle es wirklich war, das erfuhr ich erst Jahre später, nach dem Krieg. Tucholsky hatte nämlich geschrieben: »Man muß von vorn anfangen, nicht auf diesen lächerlichen Stalin hören, der seine Leute verrät...« Das hatte die NEUE WELTBÜHNE damals unterschlagen, das Verraten ebenso, wie daß Tucholsky Stalin lächerlich fand.

Jetzt, in der Bundesrepublik, gibt es einen Tucholsky-Bildband in der Ro-ro-ro-Taschenbibliothek. »In Selbstzeugnissen«, heißt es. Der verschweigt Tucholskys harte Worte über Stalin natürlich nicht. Aber dann gibts doch wieder Pünktchen, eine Auslassung. Tucholsky hatte nämlich geschrieben: »Nicht auf diesen lächerlichen Stalin hören, der seine Leute verrät, so schön, wie es sonst nur der Papst vermag.« – Den Papst wollte auch der Ro-ro-ro-Band nicht beleidigen, also wurde Tucholskys »Selbstzeugnis« wieder verfälscht.

Auch seither habe ich immer wieder erlebt, wie Berichte verfälscht werden. Halbwahrheiten, Totschweigen unliebsamer Tatsachen gehören längst zur allgemeinen Praxis. Auch führende Staatsmänner tun das und merken es vielleicht selbst nicht mehr. Zum Beispiel, wenn Ronald Reagan für seinen Mordüberfall auf Libyen die Billigung aller westlichen Demokratien durchsetzen wollte, weil Libyen – sagte er – Terrorismus unterstütze. Dabei bedachte er vielleicht gar nicht, daß in den Augen des größten Teils der Welt seine Unterstützung der Contras, die als Mordbrenner und Folterer in Nicaragua einfallen, ebenfalls Unterstützung von Terroristen ist, in noch viel größerem Ausmaß. Dasselbe gilt, wenn die USA Terroristen in Angola durch Millionendollarbeträge unterstützen oder die Regierungen in El Salvador und Guatemala, die immer noch die Tätigkeit von Todesschwadronen zu ihrer Sicherung brauchen. Solcher Doppelmoral machen sich auch viele andere Länder und Behörden schuldig.

Verglichen damit scheint es zwar nur eine Kleinigkeit, wie mit den Worten des toten Tucholsky Schindluder getrieben wurde, und doch habe ich gerade aus solchen Kleinigkeiten gelernt, nicht zu leicht auf das hereinzufallen, was uns von den verschiedensten, manchmal einander entgegengesetzten Seiten als Wahrheit vorgesetzt wird.

Aber dann sollten wir, soweit es in unserer Macht steht, auch wirklich etwas tun, ich meine, unter anderem vielleicht so, wie Tucholsky es gewollt hätte.

Trost

Vor einiger Zeit fand ich in einem Trödelladen in Südlondon ein beschädigtes Buch, das ich gar nicht brauchte. Ich kaufte es, weil es alt und billig war und mir leidtat. Zu Hause klebte ich es und sah es mir genauer an. Es war THE BOOK OF COMMON PRAYER, das anglikanische Gebetbuch, eine Ausgabe von Anfang des 18. Jahrhunderts, schön gedruckt und gut viermal so groß wie die neueren Ausgaben mit genau dem gleichen Text. Vorne und hinten waren je drei Blätter freigelassen, und auf ihnen fand ich in verschnörkelter und zittriger, dann auch wieder in ganz einfacher, zarter und doch sicherer Handschrift (manchmal unterbrochen von klobigen, kaum lesbaren und teilweise auch durchgestrichenen Eintragungen) eine Fülle von Namen und Daten. Die Zunamen fast immer dieselben, außer manchmal bei Frauen. Die Daten bezogen sich auf Geburt und Tod, Taufe, Hochzeit, Kriegsdienste von Familienmitgliedern, oder deren Auswanderung. Auch wessen Eigentum das Gebetbuch jeweils war, stand da gewissenhaft verzeichnet.

In solchen Büchern erwartet man, daß auf ein Geburtsdatum in gehörigem Abstand auch die Eintragung über den Tod des betreffenden Menschen folgt. So auch hier. Aber da war eine sehr kinderreiche Familie, der jedes Kind nach wenigen Wochen oder Monaten gestorben war. Das Entziffern dieser alten Vermerke betrübte mich vielleicht desto mehr, weil ich schon eigene Kinder und Enkel hatte. Nur ein einziges Kind, ein Mädchen, war dem frühen Tod anscheinend entgangen und nur mit ihrem Geburtsdatum eingeschrieben; allerdings fand ich auch weder Konfirmation noch Hochzeit. Immerhin, sie schien leben geblieben zu sein. Aber einige Wochen später, als ich das Buch Freunden zeigte, entdeckten wir auf einer Seite irgendwo mitten im Buch doch auch noch ihre Todesnachricht: »... verließ diese Welt im Alter von zwei Jahren und neuneinhalb Monaten.« Ich war enttäuscht und ganz unvernünftig traurig. Als ich mich mit dem Gedanken beschwichtigen wollte, daß seither weit mehr als zweihundert Jahre verstrichen seien und sie jetzt ohnehin nicht mehr leben könnte, fiel mir meine eigene Kinderzeit ein.

Ich war ein behütetes Kind. Außer wenn meine Eltern gerade Streit hatten, wobei gelegentlich allerlei schwer Erträgbares zur Sprache kam, wurde mir von den Härten des Lebens und Sterbens nichts gesagt. Als ich in einem alten Buch eine sehr eingehende Bilddarstellung des Märtyrertodes von Christen in einer römischen Arena fand, wurde ich zuerst mit den Worten abgespeist: »Aber das sind doch nur ganz alte Geschichten. Vielleicht ist das alles gar nicht wahr.« Und dann, als ich mir die Wahrheit der Christenverfolgungen offenbar nicht ausreden ließ und weinend auf die einzelnen Jünglinge, Frauen und Kinder zeigte, wurde ich mit dem Gedanken beschwichtigt: »Aber jetzt hätten sie doch ohnehin nicht mehr leben können.«

Es war meine Großmutter, die mir das sagte und die in den ersten Kindheitsjahren den Hauptanteil an meiner Erziehung hatte. Diesmal war ich von der Wahrheit ihres Arguments sofort überzeugt, und wenn ich auch empfand, daß es nur ein trauriger Trost sei, begannen meine Tränen doch zu versiegen.

Ein, zwei Jahre später zeigte meine Großmutter mir eine sehr alte Photographie, das vergilbte Abbild eines sehr jungen Mannes in veralteter Uniform. Es war einer ihrer Verwandten, der zu ihren frühesten Kindheitserinnerungen gehörte. Er hatte sie auf seinen Knien reiten lassen, war aber, als sie noch keine drei Jahre alt war, im Österreichisch-Preußischen Krieg von 1866 in Böhmen gefallen. Sie erzählte mir, wie er erschossen worden war. Er hatte sich geweigert, sich gefangennehmen zu lassen. »Ein Österreicher ergibt sich nicht!« hatte er gerufen.

Als ich sah, daß meine Großmutter ein trauriges Gesicht machte, versuchte ich mich ihrer alten Trostworte zu bedienen, streichelte ihr den Arm wie sie damals mir und sagte mit möglichst genau der Betonung, wie sie es zu mir gesagt hatte: »Aber jetzt hätte er doch ohnehin nicht mehr leben können.«

Meine Großmutter protestierte: »O ja, natürlich hätte er noch leben können!« Gleichzeitig aber begann sie unter Zuhilfenahme ihrer Finger halblaut nachzurechnen.

Schließlich sagte sie: »Ich weiß nicht, ich glaube, er könnte doch noch leben. Er wäre noch keine achtzig Jahre alt.«

Da ich damals wußte, daß man mit 30 Jahren *alt* ist, waren 80 Jahre ein fast unvorstellbar hohes Alter. Niemand in unserer Familie hatte es erreicht. Auch meine Großmutter erreichte es schließlich nicht. Sie wurde mit 79 Jahren aus dem Ghetto Theresienstadt in ein Vernichtungslager gebracht und dort vergast. Bis nach Ende des Zweiten Weltkriegs hatte ich noch gehofft, sie lebend wiederzusehen. Sie wäre knapp 81 Jahre alt gewesen.

Ich fand es schwer, mich über ihren Tod zu trösten. Ihre letzten Briefe, die sie vor ihrer Deportation geschrieben hatte, habe ich bis heute nur zum kleinsten Teil wiedergelesen, weil ich, auch nach all den Jahren, schon bei den ersten Zeilen immer so zu weinen beginnen mußte, daß ich nicht weiterlesen konnte und sie wieder in die Schachtel mit der Aufschrift *Großmama* zurückschob. Aber in den letzten zwei Jahrzehnten ist der Schmerz beim Denken an meine Großmutter geringer geworden. Mehr als hundert Jahre wird fast niemand alt, also hätte sie ohnehin nicht mehr leben können.

Auch bei der Erinnerung an den Tod meines Vaters sage ich mir das jetzt. Er starb fünf Jahre vor der Großmutter, gerade an seinem achtundvierzigsten Geburtstag. Als man ihn nach Hause brachte, gegen Mittag des Tages, an dessen Abend er starb, traf ich ihn, während man ihn die Treppen hinaufschleppte, und erkannte ihn zuerst nicht, sondern glaubte, als ich unsere Nachbarin neben dem röchelnden alten Mann sah, er gehörte irgendwie zu ihr, und der Polizist und der Chauffeur, die diesen sterbenden Menschen von Stufe zu Stufe hinaufhoben, hätten nur mit ihr, nichts mit mir und meiner Großmutter zu tun. Ich erinnere mich noch meiner Erleichterung darüber. Als ich unsere Nachbarin, die offenbar schon mit den beiden Männern gesprochen hatte und nun weinend mitging, fragte, ob ich etwas für sie tun könne, packte mich am Arm und sagte: »Wissen Sie nicht, wer das ist? Das ist Ihr Vater!«

Ein Gestapobeamter, Herr Göttler, später in der Bundesrepublik Zollrat in Düsseldorf, hatte ihm einige Tage zuvor die Magenwand eingetreten.

Vielleicht waren es die weißen Bartstoppeln, die mich gehindert hatten, meinen Vater im mehr als halbdunklen Treppenhaus auf den ersten Blick zu erkennen. Ich hatte ihn nie anders als glattrasiert gesehen. Und das letzte Mal, am Tag seiner Verhaftung, genau einen Monat vor seinem Tod, hatte er noch keine grauen oder gar weißen Haare gehabt. Als ich ihn dann, drei Tage später, im offenen Sarg wiedersah, war er rasiert worden und sah etwas besser aus, als sei der Tod eine Erholung für ihn gewesen.

Dann kam bald der Krieg. – Heute wäre mein Vater 98 Jahre alt. Wahrscheinlich hätte er also ohnehin nicht mehr leben können.

Wenn wieder Krieg kommt, wird es ein Atomkrieg sein. Ich frage mich, ob dann hier in Europa das Überleben der Überlebenden, wo immer es Überlebende geben wird, so sein wird, daß sie überhaupt noch um andere Menschen trauern werden. Wenn ja, dann wird es vielleicht einige Jahrzehnte nachher zuerst von denen, die schon alt waren, als sie starben, dann, entsprechend später, auch von den Jungen und ganz zuletzt von den Kindern wieder heißen: »Aber jetzt hätten sie doch ohnehin nicht mehr leben können.« Nur ob es dann noch in deutscher Sprache so heißen wird, ob Deutsch dann noch eine lebende Sprache sein kann, ist die Frage.

Vielleicht werden die, die dann von den Toten sprechen, Menschen aus einem anderen Erdteil sein oder erst nach sehr langer Zeit dort leben, wo am Ende unserer Zeit Krieg war. Dann ist es möglich, daß sie nicht nur sagen werden, die Toten von damals könnten ohnehin längst nicht mehr leben, sondern daß sie außerdem auch sagen werden, wenigstens ihren Kindern, als Trost: »Aber das sind doch nur ganz alte Geschichten. Vielleicht ist das alles gar nicht wahr.«

Manchmal, beim Nachdenken über das alles, leide ich weniger an Todesangst (obwohl ich auch von dieser Angst, aber eher als Angst um meine Kinder und Enkel, nicht frei bin) als an dem Gefühl, daß ich selbst unendlich, ja unerträglich alt sei, so daß ich mich zu solchen Zeiten nur noch mühsam gegen den Gedanken zu wehren vermag, jetzt könne ich doch ohnehin nicht mehr leben.

Fini

Als ich ein Kind war, hatten die sogenannten besseren Kinder noch ein Kindermädchen oder, wie man bei uns sagte, ein Kinderfräulein. Mein liebstes Kinderfräulein hieß Fini und hatte blonde Haare. Ihr wirklicher Name war Josephine Freisler, und sie war eine von drei Töchtern eines Landarztes in Gaaden bei Wien, der aber schon seit langem krank war und seine Familie nicht mehr gut ernähren konnte.

Obwohl Fini mit meiner Großmutter immer gut auskam, war sie für mich doch gelegentlich eine Zuflucht vor ihrem Zorn, wie das sonst nur unsere Hunde waren. Ich glaube nicht, daß ich Fini viel weniger geliebt habe als meine Großmutter. Ich liebte ihr langes blondes Haar, das ich gern kämmte und bürstete, ich liebte ihre Stimme, ob sie sprach oder ob sie Lieder sang. Ich liebte alles an ihr, ihr Aussehen, ihren Geruch, ihre Art sich zu bewegen. Vor allem aber liebte ich vielleicht ihr Wesen. Sie war der aufrichtigste und gütigste Mensch, den ich bis dahin kennengelernt hatte.

Als ich mit fünf Jahren in Wien und Umgebung auf der Bühne auftrat, zum Wunderkind abgestempelt und vom Publikum mit Schokolade und Blumen verwöhnt, kam Fini immer mit zu den Proben und Vorstellungen. Sie war es, die mich hin und nachher wieder nach Hause zurück brachte. Nur zu den Vorstellungen selbst, besonders zu den Premieren, kamen auch meine Mutter und meine Großmutter.

Das Theatermilieu blieb nicht ohne Wirkung auf Fini. Eines Tages war ich im Zimmer, als sie meiner Großmutter erklärte, ihr größter Wunsch sei es, Schauspielerin zu werden. Meine Großmutter meinte nach einigem Überlegen, sie könne ja untertags einen Schauspielkurs besuchen, am besten während meiner Schulstunden, die jetzt zu Ende des Sommers beginnen würden, denn ich habe ja nun das Schulalter erreicht. Aber am Abend, meinte meine Großmutter, müsse Fini sich mir widmen, mich zu

Bett bringen, mir Märchen vorlesen und alles Nötige für mich tun.

Fini versank in tiefes Nachdenken, ob sich ihre Kurse mit ihren Pflichten mir gegenüber vereinbaren ließen. Als aber meine Großmutter aus dem Zimmer war, lief ich zu ihr hin, legte den Arm um ihre Schulter und sagte:

»Ins Bett gehen kann ich auch allein. Und wenn ich Märchen haben will, kann ich auch die allein lesen. Ich glaube aber, wir können das so machen, daß du am Abend neben meinem Bett sitzt und mir deine Rollen vorliest oder vorsagst. Wenn es praktisch ist, kann ich sie ja zugleich mitlesen, und so kann ich dich prüfen, ob du deine Rollen gelernt hast und ob du die Worte richtig aussprichst.« Fini glaubte zuerst, dies sei nur eine Art Wunschtraumvorschlag, aber ich versicherte ihr mehrmals, zuletzt schon fast ungeduldig, daß ich das ernst meine und wirklich tun wolle. Schließlich umarmte und küßte sie mich und ging darauf ein. Meiner Großmutter sagte sie von unserem Abkommen nichts, denn das hatte ich ihr ausdrücklich verboten.

In den nächsten zwei Jahren besuchte sie während meiner Schulzeit ihre Schauspielkurse. Abends verfuhren wir, wie wir es vereinbart hatten. Alles ging großartig, das einzige Arge in dieser Zeit war, daß sie sich, um gewisse Rollen spielen zu können, ihr langes blondes Haar abschneiden lassen mußte. Ich weinte darüber so lange, daß auch sie zu weinen anfing. Nach etwa zwei Jahren war ihr Kurs zu Ende. Darauf folgte noch eine kurze ganztätige Praxiszeit, und dann war Fini eine Schauspielerin. Ich lehnte es ab, nach ihr noch ein anderes Kinderfräulein zu bekommen.

In mancher Hinsicht waren das wahrscheinlich die schönsten Jahre meiner Kindheit. Auf die Abende mit Fini freute ich mich jeden Tag, und in den Schulferien nahm sie mich mit in ihr Elternhaus nach Gaaden, wo die alte Katze, genannt ›die Pfründnerin‹, mich jeden Morgen aufweckte, indem sie mir mit ihrer rauhen Zunge das Gesicht ableckte. Manchmal allerdings hatte sie zu Finis und meinem Entsetzen auch einen toten Vogel an mein Bett gebracht, den sie mir vermutlich als Nahrung gönnen wollte.

In Finis Haus gab es ganz andere Bücher und Kalender als bei uns zu Hause, aber trotzdem hielt ich mich im

Wohnzimmer nur ungern länger auf, weil mir die zwei Fliegenfänger an der Lampe, lange klebrige Streifen Fliegenpapier, an dem zahllose Fliegen und einige Motten und Schmetterlinge langsam starben, Qualen bereiteten. Auch Fini konnte diese Marterinstrumente nicht gut ertragen, aber ihre Mutter bestand darauf, sie zu benutzen.

Hinter dem Haus aber wartete die große, verwilderte Wiese mit hohem Gras und Blumen und wucherndem Unkraut, die bis zum Bach hinunter ging. Am Bach konnte man mit den Nachbarskindern spielen, Dämme bauen, Seitenarme graben und nach Herzenslust baden. Im Nachbaranwesen liefen auch Hühner herum, was so interessant war, daß ich immer wieder hinging, obwohl ich schon ein- oder zweimal ein totes und von Maden wimmelndes Küken gefunden hatte.

Kurz nachdem Fini ihre erste Rolle angeboten bekam, mußte sie Wien verlassen, denn es war keine Wiener Bühne, an der sie spielen sollte. Diese Rolle las sie mir noch vor, wenigstens zum Teil, in Erinnerung an unsere Abende, als wäre sie immer noch auf meine Korrektur ihrer Aussprache angewiesen gewesen.

Von Zeit zu Zeit kam Fini noch zu Besuch, aber schließlich verlobte sie sich mit einem Herrn Eckelmann, der in Deutschland lebte, in Dresden oder Leipzig. Als kleines Kind hatte ich immer erklärt, ich würde sie heiraten, wenn ich erst groß wäre, und etwas von diesen Phantasien war mir offenbar noch geblieben, denn als sie heiratete, weinte ich lange, obwohl sie mir eine Karte schrieb, daß sie mich niemals vergessen werde. Ich glaube, ich war nie wieder so eifersüchtig.

Die Jahre vergingen, Hitler kam, mein Exil in England, dann der Krieg. Ich hatte jede Spur von Fini verloren.

Erst 1950 oder 1951, als ich begonnen hatte, im Rundfunk Betrachtungen und Kurzgeschichten vorzulesen, hörte ich wieder von ihr. Sie hatte den Krieg überlebt, war jetzt im Osten, hatte selbst eigene, schon große Kinder, arbeitete wieder als Schauspielerin und hatte sich unendlich gefreut, mich im Radio zu hören. Aus irgendeinem Grund hatte sie geglaubt, ich sei mit meiner ganzen Familie von den Nazis umgebracht worden. Ich schrieb ihr einen langen Brief, berichtete über mich, daß ich auch schon ein Kind

›Fini‹, Erich Frieds Kindermädchen, in der Schauspielschule

habe, und wer von meiner Familie umgekommen sei und wer überlebt habe. In einem ihrer nächsten Briefe schickte Fini mir ein Kinderphoto, das mich zu der Zeit zeigt, als sie mein Kinderfräulein war. Es ist das einzige Kinderphoto von mir, das ich jetzt habe.

Sie schrieb auch, wie sie immer noch an die Abende zurückdenke, an denen ich ihre Rollen mit ihr durchgenommen habe, und daß sie nie ein anderes Kind kennengelernt habe, daß sich auch nur entfernt ähnlich benommen habe wie ich. Ein Bild von sich schickte Fini mir trotz meiner Bitte nicht, oder es ist vielleicht in der Post verlorengegangen.

Da ich meine Sendungen nach der DDR im deutschsprachigen Dienst der BBC schrieb und ins Mikrophon sprach, und da damals die Stalinära noch nicht vorbei war, fand ich, vom Stalinismus enttäuscht, auch harte kritische Worte für die Zustände im Osten. Nach Stalins Tod machte ich zwar nicht die kalten Kriegsmanieren anderer Radiokommentatoren mit, war aber doch eine Zeitlang in der DDR *persona non grata* und durfte etwa drei Jahre lang nicht einmal den der DDR zugehörigen Teil Berlins betreten.

In dieser Zeit hatte ich unsere Korrespondenz einschlafen lassen, um Fini nicht vielleicht in Schwierigkeiten zu bringen. In dieser Zeit aber gab es auch einen großen Einbruch bei uns im Haus, durch den eine Menge Papiere verloren gingen, darunter auch Finis Adresse. Ein oder zwei Briefe von Fini mußte ich zwar noch haben, konnte sie aber in den Bergen meiner aufgestapelten alten Papiere nicht wiederfinden.

Als ich wieder DDR-Gebiet betreten durfte, versuchte ich, Finis Adresse zu ermitteln, aber ohne Glück, sogar als ich einmal einige Tage Zeit hatte, mich in der DDR aufzuhalten. Ich glaube, ich werde nie aufhören, mich zu fragen, warum meine Versuche damals nicht weit hartnäckiger waren. An Möglichkeiten hätte es mir nicht gefehlt. Vielleicht hatte ich irgendwie Angst, eine gealterte Fini sehen zu müssen. Vielleicht war es auch Zaghaftigkeit, dem großen Verlust meines ganzen Kindheits- und Jugendmilieus durch die Hitlerei noch irgend etwas zu entreißen, die mich versagen ließ. Denn ein Versagen war es.

Ich hoffte damals auf einen nächsten längeren Aufenthalt in der DDR, aber jedes Mal, wenn der geplant war, wurde

Erich Fried mit ›Fini‹ in Gaaden bei Wien

nichts daraus, weil ich lebensgefährlich erkrankte. Erst im Frühling 1986 war es soweit, daß ich meine ersehnte Lesereise durch die DDR tatsächlich antrat. Ich las in Dresden, in Leipzig und in Berlin. Alles war noch besser, als ich ohnehin erwartet hatte, und die unendlich hilfsbereite Lektorin meines DDR-Verlags, die mich mit ihrer Güte und Aufrichtigkeit immer wieder an Fini erinnerte, bemühte sich verzweifelt, Fini ausfindig zu machen. Da gab es private Umfragen und auch ein Schauspielerverzeichnis der DDR, aber alles half nichts. Wahrscheinlich war die Suche auch daran gescheitert, daß ich Fini nur unter ihrem ›verheirateten‹ Namen suchte.

Der Gedanke, vielleicht gar nicht weit von ihr entfernt zu sein, aber ohne sie endlich wiedersehen zu können, war quälender, als ich es in der Ferne, in England, wo ich wohnte, oder auch in Hamburg oder Wien, für möglich gehalten hätte.

An einem der Tage meiner Vorlesereise sollte ich für das DDR-Fernsehen interviewt werden. Der Interviewer, ein jüngerer Mann, sagte gleich nach unserer Begrüßung: »Bevor wir mit dem Interview beginnen, eine Frage: Sagt Ihnen der Name Josephine Freisler etwas?«

Ich wäre fast aufgesprungen: »Und ob er mir etwas sagt! Josephine Freisler, Fini, mein altes Kinderfräulein! Ich suche sie seit Tagen überall! Wo ist sie?«

»Genau kann ich das nicht sagen, aber vor zehn Jahren, als ich anfing, spielte sie am Theater in Senftenberg. Es ging mir damals gar nicht gut, und sie hat mir mehr geholfen als irgendwer sonst. Sie war schon eine alte Dame, und sie war unglaublich gütig und verständnisvoll und ganz anders als alle anderen Schauspieler. Und sie hat immerzu von Ihnen gesprochen.«

Jetzt erst war mir Fini wirklich greifbar nahe gerückt. Meine Verlagslektorin rief noch am selben Tag das Theater in Senftenberg an, kam aber erst tags drauf zur Intendantin durch, die, obwohl Fini schon seit Jahren nicht mehr spielte, sich noch gut an sie erinnern konnte und auch ihre Adresse wußte. Telefon hatte Fini keines, aber die Intendantin war bereit, am Wochenende hinauszufahren und sie aufzusuchen. Frau Freisler müsse zwar schon recht alt sein, habe aber immer sehr gesund gelebt und sei immer wohlauf gewesen. Sie werde sicher noch da sein.

Meine Lektorin bat die Intendantin noch, Grüße von mir zu bringen, und mein Versprechen, daß ich in wenigen Tagen schreiben werde. Mein DDR-Visum lief zu früh ab, um Fini noch diesmal zu besuchen, aber meine Verlagslektorin und ich beratschlagten, ob wir es nicht verlängert bekommen könnten. Sonst würde ich jedenfalls bald wiederkommen. Mittlerweile hatte ich auch einen Brief an Fini geschrieben, den ich meiner Lektorin gab, bis wir Nachricht erhalten sollten. Auf alle Fälle legte ich auch tausend Mark von meinem DDR-Honorar als Geschenk für sie bei.

Die Intendantin konnte aber dann doch nicht am Wochenende fahren, sondern erst einen Tag später. Sie hatte zuviel zu tun. Also mußte ich die DDR vorher verlassen.

Am Tag nach meiner Abreise rief ich meine Verlagslektorin an. Sie hatte von der Intendantin Bescheid erhalten. Fini war vor einem halben Jahr gestorben.

In der letzten Zeit vor meinem Tod

Natürlich schreibe ich dies, während ich noch lebe und nicht einmal viel weniger Lebenskraft in mir spüre als vor meiner Erkrankung. Weil ich aber schon alt bin und den Verlauf der Krankheit in den meisten Fällen, die in den ersten Jahren so verliefen wie die meine, ziemlich gut kenne, und weil ja irgendeine Zeit des Lebens die letzte sein muß, ob man nun ihren Anfang zwei, drei Monate oder Jahre früher oder später ansetzt; außerdem, weil mehrere andere, die ich in ihrer letzten Lebenszeit bis zu ihrem Tod beobachten konnte oder mußte, in dieser Zeit ein wenig anders reagiert haben als zuvor, und weil ich ähnliche Veränderungen jetzt bei mir selbst bemerke, glaube ich, daß ich diese Zeit wirklich die letzte Zeit vor meinem Tod nennen darf.

In der letzten Zeit vor meinem Tod ist das Leben in mancher Hinsicht einfacher geworden. Streit mit Behörden, Steuerfragen, Konflikte in meinem Bekanntenkreis, alles Angelegenheiten und Ungelegenheiten, mit denen ich mich nach wie vor befassen muß, sind weniger nervenaufreibend als zuvor. Wahrscheinlich, weil die Gegenspieler in all diesen Angelegenheiten meistens an Stelle des Vaters, wie ich ihn in meinen frühen Kindheitsjahren sah, oder, was vielleicht dasselbe ist, an Stelle des Todes standen, und weil es zu einer Zeit, in der ich mich mit dem Tod selbst schon ziemlich gründlich befassen mußte und weiterhin befassen muß, nicht mehr angeht, sich seine bloßen Ersatzbilder zu nahe gehen zu lassen.

In der letzten Zeit vor meinem Tod habe ich das Leben zwar wahrscheinlich nicht wirklich viel lieber gewonnen als zuvor, ich habe es immer geliebt, aber ich bin mir dieser Liebe, glaube ich, deutlicher bewußt geworden. Die Bäume im Garten haben erkennbarere Konturen bekommen. Sie wirken nähergerückt, grüner, solange sie Laub tragen, schwärzlicher und weißer, wenn Schnee auf ihren entlaubten Zweigen liegt wie jetzt und ab und zu von einem aufzitternden Zweig zu Boden fällt. Das ist so ähnlich, wie man einen Schauspieler auf der Bühne sofort besser hören kann, wenn ein Scheinwerfer ihn beleuchtet. Natürlich nur, solange man nicht blind ist.

In der letzten Zeit vor meinem Tod ist meine Eigenliebe wieder größer geworden. Nicht auf Kosten der Liebe zu meinen Kindern, zu meiner Frau oder zu meinem sechs Monate alten dritten Enkelkind, das hier im Haus wohnt. Im Gegenteil, auch die Liebe zu ihnen allen ist deutlich merkbar größer oder wenigstens mir stärker bewußt geworden. Aber die Eigenliebe ist etwas ganz anderes, zum Teil eine Wiederentdeckung. Morgens nach dem Erwachen kann ich mit einer Fingerkuppe die Haut über meinen Rippen streicheln und ihre warme, weiche Berührung genießen wie als kleines Kind. Auch daß mein ganzer Körper, wo immer ich ihn anrühre, Beine, Bauch, Geschlecht, Arme, greifbar vorhanden ist, solid und sich eigentlich recht wohlfühlt, kann eine kleine Freude sein, die ich mir jetzt fast jeden Tag nach dem Erwachen und vor dem Einschlafen bereite. Manchmal fahre ich mir auch untertags mit der Hand liebevoll über den Nacken, über die Wange, oder mit der Rechten über den linken Oberarm, und finde das gut.

Manchmal wird mir bei diesem Wissen und Fühlen meines Vorhandenseins ganz warm. Einmal habe ich leise zu lachen angefangen, weil ich mir plötzlich die Worte vorgesagt hatte: »Ich sonne mich in der Gewißheit, daß ich mir meinen Tod in Wirklichkeit gar nicht vorstellen kann. Das Sterben vielleicht, auch nicht bis ganz zuletzt. Den Tod aber überhaupt nicht.«

In der letzten Zeit vor meinem Tod ist mir klar geworden, daß ich natürlich auch Angst vor dem Tod habe und nicht einmal weiß, wie gering oder groß diese Angst ist. (In der Nacht, wenn ich aufwache und keinen Gesprächspartner habe, ist sie immer größer als untertags oder am Abend, wenn die beängstigende Abenddämmerung schon durch Lampenlicht und Vorhänge besiegt ist.) Aber ein Teil dieser Angst, der mich in früheren Jahren manchmal gestört hat, liegt jetzt, glaube ich, hinter mir: die Angst, zuletzt angesichts des Todes schwach zu werden, zu versagen. Ich bin draufgekommen, daß der Tod, zum Unterschied von den meisten Lebenslagen, keine Prüfung, ist, oder aber, was auf dasselbe herauskommt, eine Prüfung, die bisher noch jeder, der je gelebt hat, bestanden hat. Mich erinnert das an unseren Religionsunterricht in der Oberschule, der eine Erholung war, weil in diesem Gegenstand noch kein einziger Schüler, ganz gleich welcher Konfession, je durchgefallen war und auch nie durchfallen würde.

In der letzten Zeit vor meinem Tod ist die Liebe einfacher geworden als zuvor. Schon seit Jahren wäre es mir kaum mehr eingefallen, intensive Zärtlichkeiten mit einem Menschen zu tauschen, den ich nicht wirklich liebhabe. Wo ich aber liebe und liebgehabt werde, dort ist in der letzten Zeit vor meinem Tod der Anblick und das Wahrnehmen eines solchen Menschen mit allen Sinnesorganen deutlicher geworden, noch viel deutlicher als das Wahrnehmen der Bäume im Garten, von dem ich zuvor gesprochen habe. Und dann sind mir alle Zärtlichkeiten etwas geworden, was ich froh und dankbar und ohne Probleme und Schuldgefühle genieße, ohne Frage, ob es unsere Liebesbeziehung in der Ehe ist oder sogenannter Ehebruch, allerdings nie in Verbindung mit Heimlichkeiten oder Lügen. Ich habe von Zwangseinengungen nie viel gehalten und mich schon vor vierzig Jahren und noch früher dagegen aufgelehnt. Aber jetzt ist es nicht einmal Auflehnung, sondern nur einfach ein Teil des Lebens, wie Essen und Trinken und wie Freundschaft und das Lesen von guten Gedichten, nur noch intensiver und natürlich zu zweit.

In der letzten Zeit vor meinem Tod bin ich draufgekommen, daß ich mehr Zeit habe als zuvor. Vielleicht weil ich mich weniger oft hetze oder hetzen lasse und weil ich mir einige Vorhaben dadurch erspare, daß ich mir sage, ich kann ihre Ausführung ohnehin nicht mehr überwachen. Dafür bin ich andererseits davon abgekommen, mit meiner Zeit zu streng hauszuhalten. Das ist so ähnlich, wie wenn Liebende einander nur selten und nur auf kurze Zeit sehen können. Entweder beschließen sie, jede Minute, ja jede Sekunde dieser Zeit auszunützen und sich dabei gegenseitig behilflich zu sein. Dann überwachen und drängen sie einander so, daß sie, um ja keine Zeit zu versäumen, überhaupt keine ruhige Minute mehr haben und nicht mehr zu Atem kommen. Oder aber sie finden rechtzeitig heraus, daß gerade die Beschränktheit ihrer Zeit es ihnen nicht erlaubt, zeitgeizig zu werden. Dann können sie einander ruhig anhören und angehören und in der Zeit, die ihnen jeweils bleibt, glücklich sein. Ich glaube, dasselbe gilt für die Zeit, die einem nicht jeweils, bei wiederholten kurzen Begegnungen, sondern nur einmal bleibt. Ich glaube sogar, es gilt für dieses eine Mal, für diese einmalige, unwiederholbare Zeit ganz besonders.

In der letzten Zeit vor meinem Tod habe ich allerdings auch mit der Zeit, oder vielleicht auch *gegen* den Strom der Zeit, herausgefunden, daß die Erkenntnis, nur noch dieses eine Mal Zeit zu haben, nicht ein Todesurteil mit bemessener Galgenfrist ist. Wie lang dieses eine Mal sein wird, das steht ja nicht fest. Es wird vielleicht sogar von der Hoffnung, doch noch länger zu leben, und von der Kraft, mit der man diese Hoffnung verteidigt, wirklich verlängert. Ich glaube nicht, daß ich die letzte Zeit vor meinem Tod damit verbringen sollte, mir ständig laut oder leise vorzusagen: »Ich will noch länger leben, noch ein wenig länger, und noch und noch und noch ein wenig länger.« Oder zu denken: »Nein, ich will nicht sterben, ich will meine ganze Kraft daran setzten, mich gegen den Tod zu stemmen.«

Wer sich nur damit befassen kann, länger leben oder noch lange nicht sterben zu wollen, der hat nur diesen Gedanken als Lebensinhalt, und das ist doch, besonders wenn das Leben wirklich noch längere Zeit dauert, ein sehr dürftiger, ja ein langweiliger Lebensinhalt. Ich will mich in der letzten Zeit vor meinem Tod nicht mit dem Lebenbleibenwollen beschäftigen, wenigstens nicht mehr als einen kleinen Bruchteil meiner Zeit und Kraft daran wenden, sondern ich will das sehen und tun, was es im Leben zu sehen und zu tun gibt. Ich bin neugierig, vielleicht neugieriger als je zuvor, wieviel ich noch vom Wachstum meines kleinsten Enkelkindes sehen werde, das jetzt gerade erst seinem Körbchen zu entwachsen beginnt; und ich will, wenn es mir möglich ist, auch noch sehen, was die nächsten Schritte sein werden, die meine beiden siebzehnjährigen Söhne unternehmen, und welche Bilder mein nächstälterer Sohn, ihr Halbbruder, malen wird, und meine Frau, die wieder zu malen begonnen hat. Schon wenn ich auf nichts neugierig wäre, außer auf das, was meine Angehörigen tun, gäbe es mehr, auf das man neugierig sein könnte, als auch in einer ganz langen Lebenszeit zu bewältigen wäre, denn ich habe sechs Kinder und drei Enkelkinder. Sogar wenn man gar keinen Wert darauf legt, manchmal zur Ruhe zu kommen, muß man sich da Ruhe lassen, sonst überstürzt man sich nur und sieht dann gar nichts mehr. Aber meine Neugier und Anteilnahme reicht weit über meinen Familienkreis und weit über das Land hinaus, in dem ich wohne.

In der letzten Zeit vor meinem Tod hatte ich manchmal Mitleid mit mir, aber nicht öfter und nicht mehr, als ich Mitleid mit anderen hatte. Irgendwie schien alles, ob ich wollte oder nicht, an seinen rechten Fleck zu kommen und seinen richtigen Rhythmus anzunehmen. Sogar wenn ich in dem Maße vergehen müsse, sagte ich mir, in dem ich mein kleinstes Enkelkind wachsen sehe, könne ich dabei so etwas wie einen Gleichgewichtszustand entwickeln, und ganz bestimmt würde ich ja nicht auf Kosten des Wachstums dieses neuen kleinen Wesens dableiben wollen. Bei diesem Gedanken freute ich mich natürlich auch, daß eine derartige Alternative in Wirklichkeit überhaupt nicht besteht.

In der letzten Zeit vor meinem Tod habe ich auf diese Weise sogar mit meiner Unzufriedenheit zufrieden zu sein gelernt. Gewiß, ich habe die Unzufriedenheit schon immer als eine der höchsten Tugenden und als eine bewegende Macht der Geschichte geschätzt und verteidigt. Sie war immer schon das Gegengewicht gegen den gefügigen Untertanengeist. Aber erst jetzt sah ich, daß auch die Unzufriedenheit mit dem Sterbenmüssen, so vergeblich sie im letzten Augenblick sein mag, notwendig und gut ist, um das Recht aufs Leben bis zuletzt hochzuhalten und zu verteidigen.

In der letzten Zeit vor meinem Tod könnte ich manchmal fast glauben, daß es die erste Zeit meines Lebens sei. Aber das wäre ein Irrtum.

Es ist aber auch möglich, daß ich mich irre und daß alles, was ich hier gesagt habe, in Wirklichkeit nicht für die letzte Zeit, sondern nur für die vorletzte Zeit vor meinem Tod gilt.

Zu den Geschichten aus meinem Leben

Jede einzelne dieser Geschichten ist wahr, ein Tatsachenbericht. Und doch sind sie alle zusammen irreführend und würden ohne diese Worte hier eine Art Lüge sein oder doch einer unausgesprochenen Lüge Vorschub leisten.

Irgendwie, vielleicht schon dadurch, wo mich etwas zum Erzählen angespornt hat und wo nicht, wahrscheinlich auch durch die Anordnung der kleinen Gedankenverbindungen und Nebenbemerkungen in den einzelnen Geschichten, entsteht ein falsches, viel zu einseitiges Bild von einem Erzähler, der schon als Kind gekämpft und Lügenwände durchbrochen hat und dann später als junger Mensch anderen zu helfen begonnen hat, wie er sich selbst geholfen hatte. Auch das stimmt noch alles. Ich habe schon als Kind gegen vieles angekämpft, ich habe manchmal Lügenwände durchbrochen, und später habe ich auch anderen geholfen. Das Kämpfen und Entlarven von Lügengeweben war dem Kind übrigens dadurch leichter gemacht, daß Vater, Mutter und Großmutter, die mich alle zu erziehen versuchten, so gut oder meistens so schlecht sie das eben verstanden, zum Glück fast nie zusammenhielten, sondern nach verschiedenen, meistens nach entgegengesetzten Richtungen zogen. Eine geschlossene Front von Lüge und Unterdrückung gab es so gut wie nie. Allerdings fühlte man sich manchmal hin- und hergerissen und fürchtete, zerrissen zu werden.

Es ist bezeichnend, daß sich von diesen Situationen wenig oder fast nichts in diesen Geschichten findet. Es muß auch gesagt werden, daß es für jeden Kampf, den das Kind wirklich führte, zwei oder drei Kämpfe gab, die es führen wollte, aber nicht zu führen wagte. Genauso hat es später nicht nur Menschen gegeben, denen ich geholfen habe, sondern auch Menschen, denen ich helfen sollte oder auch wollte, denen ich aber nicht geholfen habe und die ich dadurch im Stich gelassen habe, aus Mangel an Kraft, aber manchmal auch aus Mangel an Einsicht in die Dringlichkeit der Lage, aus zu tiefer Versponnenheit in eigene Probleme oder aus Angst, in etwas verwickelt zu werden, dem ich mich nicht gewachsen fühlte. Ich habe dies und das aufgeschoben, und dann war es zu spät, oder ich habe es unterlassen, mein Teil zu sagen, weil ich erst vor kurzem etwas gesagt und damit auch etwas riskiert hatte und jetzt den Bogen nicht überspannen, sondern bis zum nächsten Mal einige Zeit verstreichen lassen wollte. Ich war oft klug und zaghaft, nicht nur bei wirklicher Gefahr, sondern manchmal auch, um ein schwieriges Gespräch aufzuschieben, und so blieb manchmal ungesagt, was gesagt werden mußte, und so hat mein Freund Hans Schmeier sich das Leben genommen, als ich zweiundzwanzig Jahre alt war.

Ich könnte heute sagen, ich wußte es nicht besser: Ultra posse nemo tenetur: Über sein Können hinaus ist keiner verantwortlich. Das stimmt, aber manchmal hat es wahrscheinlich nicht gestimmt.

Ich habe Insekten aus Spinnennetzen befreit, aber manche habe ich auch nicht befreit. Sie waren zu fest verstrickt, oder ich hatte keine Zeit, oder ich hatte Mitleid mit der Spinne. Und später gab es Fälle im Leben, bei denen es nicht um Insekten ging. Und auch, wenn ich interveniert und zu helfen versucht habe, war das Ergebnis manchmal verhängnisvoll, wie zum Beispiel, als ich meinen Freund Herbert Lazar, genannt Läzchen (wie im Text in diesem Buch), vor der Internierung bewahren half und dadurch seine Fahrt nach Palästina ermöglicht habe, die sein Tod war.

Außerdem war ich in der Darstellung und in den hingeworfenen Bemerkungen über einzelne Menschen oft ungerecht, weil ich nicht alles sagte, was von ihnen zu sagen wäre. Mein Vater, der in diesen Geschichten besonders schlecht wegkommt, hat auch viele Stunden lang mit der Laubsäge Figuren für mich ausgesägt und ein ganz großes hölzernes Puppentheater gebaut.

Zwar, auch hier muß ich zum Guten gleich wieder das Schlechte hinzusagen; es geht nicht anders. Ich war noch klein und saß neben ihm auf dem Tisch, und wenn ich ihn durch eine Bewegung bei seiner Laubsägearbeit störte, schrie er mich an, und manchmal biß er sich wütend auf die Unterlippe und schlug mich. Ich sage auch noch, daß ich das Puppentheater mit den ausgesägten Figuren oft nicht anrühren durfte und daß er viel öfter und länger damit gespielt hat als ich. Aber das ärgert mich jetzt nicht mehr wie damals, sondern ich erinnere mich auch an seine Freude dabei, an seinen Augenausdruck, fast als wäre er in solchen Augenblicken das Kind gewesen, das ich in meiner Kinderzeit eigentlich nie sein konnte. Die habe ich erst viele Jahre später nachzuholen versucht, als ich so alt war, wie er gar nicht mehr wurde.

Und so, wie ich stundenlang mit meinem Hund Schufti gesprochen habe, so konnte ich meinen Vater jeden Abend vor dem Einschlafen aus seinem Zimmer – meine Mutter schlief in einem anderen Raum – durch seine Tapetentür lange sprechen hören. Er sprach zu unserem anderen Hund, Piet, und ich glaube, eigentlich aus dem gleichen Grund, aus dem ich soviel mit Schufti gesprochen habe, weil er eigentlich so allein war wie ich, oder noch etwas mehr, und niemand außer dem Hund hatte.

Mich jedenfalls hatte er zu der Zeit nicht. Meine Liebe zu ihm war längst verschüttet. Erst als ich größer wurde und er mir das Rudern und Paddeln beibrachte, kam etwas von ihr zurück. Als kleines Kind hatte er mich beschimpft, weil ich nicht springen, laufen und klettern konnte, nun aber, beim Rudern und Schwimmen, lobte und ermutigte er mich.

In den zwei, drei letzten Sommerferien seines Lebens hat er mehr Zeit mit mir verbracht als je in Wien. Er hat mir Pflanzen und Tiere der Wiese am Hang und des Waldes gezeigt und mir von ihnen erzählt, so daß ich sie liebgewonnen habe. Und zuletzt, einige Tage nach Hitlers Einmarsch in Österreich, hat er mich vor drei Hitlerjungen beschützt, die mich unter falschen Anschuldigungen aus unserer Wohnung abholen wollten, nur wenige Wochen, bevor er selbst verhaftet und umgebracht wurde.

Und von meiner Mutter müßte ich ordentlich, so daß man alles vor Augen sieht, erzählen, wie sie sich für mich abgearbeitet hat, als ich klein war, und auch später noch, und wie sie versucht hat, das immer noch zu tun, als sie achtzig Jahre alt war und bei meiner Frau und mir gewohnt hat und uns mit ihrer besitzergreifenden Eifersucht auf mich das Leben oft schwerer gemacht hat, als sie vielleicht wußte. Wie sie mich als Kind vor den Schlägen meines Vaters schützte, indem sie sich wie ein wildes Tier auf ihn warf, und wie sie sich auf mich warf, als ich schon erwachsen war und sie mich vergeblich zu beherrschen versuchte, und wie sie mich anschrie: »Wenn du nicht so leben willst wie ich will, dann brauchst du überhaupt nicht zu leben.«

Es wäre davon zu berichten, wie mutig sie dem Gestapomann gegenübertrat, der meinen Vater umgebracht hatte, und wie sie ihn, umgeben von hakenkreuztragenden Männern, in öffentlicher Gerichtsverhandlung, als er als Zeuge gegen sie auftrat, einen ganz gemeinen braunen Mörder nannte. Und es wäre auch zu berichten, wie sie in den letzten drei Wochen ihres Lebens panische Angst litt und in der Nacht hin und her lief, weil sie von der Wahnidee befallen war, SS und Gestapo hätten unser Nachbarhaus besetzt und wollten sie und mich zur Hinrichtung abholen. Sie hatte weit mehr Angst um mich als um sich selbst.

Es wäre noch viel zu sagen, Gutes und Schlechtes, von meiner Mutter und von meiner Großmutter, und viel Schlechtes von mir.

Das alles würde, wie die gängige Ausflucht lautet, den Rahmen dieses Buches sprengen. Das ist sogar wahr. Aber wenigstens das, was ich jetzt noch von diesen Menschen und für und gegen sie gesagt habe, mußte ich sagen.

Ende Januar 1986 *E. F.*

Erich Fried wurde am 6. Mai 1921 in Wien geboren und wuchs dort auf; sein Vater war Spediteur, seine Mutter Grafikerin. Er schrieb bereits als Gymnasiast, war Mitglied einer Kinderschauspieltruppe, bis der deutsche Einmarsch 1938 ihn »aus einem österreichischen Oberschüler in einen verfolgten Juden verwandelte.« Der Vater wurde von der Gestapo ermordet, Fried gelang es, nach London zu fliehen und in den folgenden Monaten auch seine Mutter und mehr als siebzig andere Personen ins englische Exil zu retten.

In den Kriegsjahren hielt sich Fried mit Gelegenheitsarbeiten über Wasser, als Bibliothekar, Milchchemiker, Fabrikarbeiter. Er schloß sich dem »Freien Deutschen Kulturbund« und »Young Austria« an, später auch dem »Kommunistischen Jugendverband«, den er aber wegen dessen Stalinisierung bereits 1944 wieder verließ. Im gleichen Jahr erschien sein erster Gedichtband, »Deutschland«, im Exilverlag des österreichischen PEN.

Nach dem Krieg wird Fried Mitarbeiter an zahlreichen neugegründeten Zeitschriften, in den frühen fünfziger Jahren festangestellter politischer Kommentator der deutschsprachigen Sendungen der BBC; 1968 gab er wegen der unveränderten Kalten-Kriegs-Position der BBC diese Tätigkeit auf. Schon vorher hatte er sich mit der

Übersetzung von Dylan Thomas, dem ersten größeren Gedichtband (»Gedichte«, 1958) und seinem einzigen Roman (»Ein Soldat und ein Mädchen«, 1960) einen Namen gemacht, ab 1963 gehörte er der »Gruppe 47« an; in dieser Zeit entstanden auch die ersten Übersetzungen von Stükken Shakespeares. Eine Übersiedlung von London nach Österreich oder Deutschland wurde erwogen, wegen der Restauration der fünfziger und frühen sechziger Jahre aber immer wieder verworfen.

1966 erschien sein Gedichtband »und Vietnam und«, der eine langandauernde öffentliche Diskussion (auch mit Kollegen) über das politische Gedicht auslöste. In den folgenden Jahren war Fried viel unterwegs – auf Vortragsreisen, Diskussions- und Solidaritätsveranstaltungen –, nahm in vielen politischen Fragen Partei (Pressekonzentration, Unterdrückung des Prager Frühlings, Israel und die Palästinenser, Polizeiübergriffe, Haftbedingungen politischer Gefangener) und wurde, als Folge, mit Verleumdungen, Zensur und gerichtlicher Klage überzogen. Er, der gegenüber dem politischen Gegner stets Liebenswürdige und Verständnisvolle, hatte schnell mehr Feinde, als er lieben konnte.

Erst 1977 erhielt Fried den ersten ansehnlichen Preis, den »Prix International des Editeurs«; das prämierte Buch, »100 Gedichte ohne Vaterland«, erschien im folgenden Jahr in sieben Sprachen (in den preisstiftenden Verlagen) und wurde das erste erfolgreiche Buch, übertroffen lediglich von dem 1979 erschienenen Band »Liebesgedichte«.

Der Ruhm und die großen Literaturpreise (Bremer Literaturpreis, Österreichischer Staatspreis, Georg-Büchner-Preis) erreichten Fried erst als über Sechzigjährigen und schon lange Schwerkranken.

Erich Fried starb am 22. November 1988 während einer Lesereise und wurde auf dem Kensal Green in London begraben.

Erich Fried:

und Vietnam und
Gedichte. Mit einer Chronik. Quartheft 14. 72 Seiten.

Fast alles Mögliche
Wahre Geschichten und gültige Lügen. Quartheft 75/76. 144 Seiten.

Die Beine der größeren Lügen / Unter Nebenfeinden / Gegengift
Drei Gedichtsammlungen. Quartheft 83. 168 Seiten.

Die bunten Getüme
Gedichte. Quartheft 90. 80 Seiten.

Liebesgedichte
Quartheft 103. 112 Seiten.

Lebensschatten
Gedichte. Quartheft 111. 112 Seiten.

Das Nahe suchen
Gedichte. Quartheft 119. 96 Seiten.

Es ist was es ist
Gedichte. Quartheft 124. 112 Seiten.

Beunruhigungen
Gedichte. Quartheft 129. 96 Seiten.

Um Klarheit
Gedichte. Quartheft 139. 80 Seiten.

Am Rande unserer Lebenszeit
Gedichte. Quartheft 156. 80 Seiten.

Unverwundenes
Liebe, Trauer, Widersprüche. Gedichte. Quartheft 163. 80 Seiten.

Einbruch der Wirklichkeit
Gedichte. Quartheft 176. 96 Seiten.

100 Gedichte ohne Vaterland
Taschenbuch 44. 128 Seiten.

Kinder und Narren
Erzählungen. Taschenbuch 83. 160 Seiten.

Zeitfragen und Überlegungen
80 Gedichte sowie ein Zyklus. Taschenbuch 114. 120 Seiten.

Vorübungen für Wunder
Gedichte vom Zorn und von der Liebe. Taschenbuch 143. 128 Seiten.

Das Unmaß aller Dinge
Erzählungen. Taschenbuch 179. 112 Seiten.

So kam ich unter die Deutschen
Taschenbuch 183. 128 Seiten.

Der Jude von Malta
Übersetzt von Erich Fried. Taschenbuch 190. 168 Seiten.

Gründe
Gesammelte Gedichte. SALTO. Rotes Leinen. 168 Seiten.

Als ich mich nach dir verzehrte
Gedichte von der Liebe. SALTO. Rotes Leinen. 96 Seiten.

Bildnachweis:
S. 2: Matthias Reichelt. S. 4: Isolde Ohlbaum. S. 9, 15, 55, 81, 97, 141, 143, 146: Catherine Fried. S. 22, 61, 131: Bildarchiv der Österreichischen Nationalbibliothek. S. 33, 38, 40, 47: Ullstein Bilderdienst. S. 35, 59, 75: Die Mazzesinsel, Juden in der Wiener Leopoldstadt 1918–1938. Herausgegeben von Ruth Beckermann, Wien (Löcker Verlag), 1984. S. 107: Dokumentationsarchiv des österreichischen Widerstands. S. 95, 125: Hanneli Plemmons. S. 156: Monika Müller.

Veränderte Neuausgabe
9.–11. Tausend Februar 1993

Einbandgestaltung Rainer Groothuis unter Verwendung
eines Photos von Hanneli Plemmons
Gesetzt aus der Korpus Linotype Walbaum
Lithos von Peter Rink, Berlin
Gesamtherstellung Clausen & Bosse, Leck
Gedruckt auf chlor- und säurefreiem Papier

ISBN 3 8031 3567 2